Jorge Pal

# Violencia Machista

## Una verdad incómoda

JP

JORGE PALAZÓN

A mi madre, esposa e hija,
mis tres pilares femeninos,
fundamentales en mi vida.

Jueves, 5 de octubre de 2017

Amanecía. Nada hacía presagiar que esa mañana la opinión pública y la sociedad, no solo estadounidense, sino mundial, iba a sufrir una convulsión informativa que se expandiría por todo el mundo. Al igual que el amanecer del 11 de septiembre de 2001 en Nueva York, los acontecimientos que estaban a punto de suceder iban a hacer temblar los cimientos morales, dando comienzo la Era del Miedo, lo que ocurrió este día propulsaría el comienzo de la mayor revolución de la mujer de nuestra Era.

El periódico *"The New York Times"* publicó testimonios de mujeres que acusaban a Harvey Weinstein de violación, agresión y acoso sexual. No eran desconocidas, anónimas, se trataba de famosas actrices de la industria cinematográfica, referentes para millones de personas, con un estatus muy elevado, adineradas, famosas, bellas y exitosas.

Harvey Weinstein era el productor más poderoso de Hollywood, ergo, el más influyente del mundo del cine. Sus dominios se extendían por toda la industria del séptimo arte. Su compañía cuenta con títulos de películas como *"La Vida es Bella" "El Paciente Inglés" "Reservoir Dogs" "El Discurso del Rey" "Django Desencadenado" "Malditos Bastardos" "El Cuervo" "El Diario de Bridget Jones" "Shakespeare Enamorado" "Gangs of New York" "Pulp Fiction" "Pret-a-Porter" "Scream" "Scary Movie" "Kill Bill"* o *"Cinema Paradiso"*. Impelió a directores como Steven Soderbergh y Quentin Tarantino. Su preponderancia era colosal como lo eran las Torres Gemelas, pero ese fatídico día supondría su destrucción y caída.

El artículo señalaba al productor norteamericano como un depredador sexual que se aprovechó de su puesto de poder para abusar de decenas de mujeres, desde mediados de la década de los noventa hasta el año 2015. Las acusaciones provenían de actrices, modelos, secretarias, asistentes... Si querías trabajar en Hollywood tenías que pasar por sus hediondas manos. Los lectores eran testigos de cómo la actriz **Ashley Judd** contaba que durante el rodaje de la película *"El coleccionista de amantes"* en 1997, Weinstein la citó para una reunión de trabajo en el *"Hotel Península"* de Beverly Hills. En la habitación, el productor la invitó a mirarle mientras se duchaba, para después pedirla un masaje cuando estaba con el albornoz puesto.

Si una actriz quería trabajar en Hollywood en buenas películas, debía sumirse al poder de este mandamás, pero Ashley Judd se marchó. Las declaraciones de la artista se extendieron como una pandemia y fue la mecha con la pólvora necesaria que implosionaría y daría la fuerza e impulso necesario a muchas mujeres para seguir sus pasos.

Una de ellas fue la actriz y modelo **Rose McGowan** (Scream, La Dalia Negra) quien acusó públicamente al productor de haberla violado cuando tenía veintitrés años y señaló directamente a la industria de complicidad y silencio. Todo el tiempo que McGowan ocultó la verdad, además de por el miedo y la vergüenza, era porque Weinstein sobornaba a las chicas mediante un acuerdo de confidencialidad de 100.000$ dólares.

El tsunami mediático era imparable y las acusaciones empezaban a llegar en oleadas masivas que inundaron Hollywood y toda California, adentrándose al corazón de Estados Unidos. La modelo italo-filipina, **Ambra Battilana** poseía una grabación de audio donde le recrimina haberle tocado un pecho sin el consentimiento de la modelo.

Weinstein se escudaba en su fama y poder. Como dijo Donald Trump en la campaña a la presidencia de 2016 cuando afirmaba que, gracias a su fama y autoridad, podía agarrar de la vagina a cualquier mujer, hacer lo que quiera, cuando quiera y con quien quiera, el magnate del cine tenía el mismo pensamiento y sus actos así lo mostraban.

Lo que podía parecer otro hecho "aislado" que quedaría en nada, provocó reacciones y convulsionó la sociedad americana. En una entrevista con el diario italiano *"La Stampa"*, la actriz italiana **Asia Argento** (La Reina Margot, Marie Antoniette, Last Days), hija del famoso director Darío Argento, confesó el trauma con el que ha vivido muchos años tras la violación sufrida a manos de Weinstein.

Sucedió en una fiesta de Miramax en el Hotel *Du Cap-Eden-Roc* durante el Festival de Cannes en 1997. Ella tenía veintiún años. Al llegar a la habitación, se encontró que no había ningún convite preparado sino una encerrona. El productor entró en el baño y al salir, solo llevaba una toalla y un bote de crema para el cuerpo: *"Me pidió que le hiciera un masaje"*, declaró la actriz, hechos muy parecidos a los que relataba Ashley Judd en sus acusaciones. Asia Argento cedió ante la petición del productor y la obligó a mantener sexo oral y la violó.

- 87 actrices han sido víctimas de extorsión, amenazas, acoso, abuso sexual y violación por parte del magnate cinematográfico. En total, han sido 102 mujeres quienes han denunciado públicamente a Harvey Weinstein.

**Kate Beckinsale,** actriz conocida por sus papeles en *"Serendipity"*, la saga *"Underworld" "Pearl Harbor"* o *"Van Helsing"*, tenía diecisiete años cuando Weinstein, en una habitación del Hotel Savoy, solo con su bata puesta, ofreció una copa a la actriz. Parece que el productor poseía un *modus operandi* bastante específico para conseguir abusar de las mujeres. Beckinsale dijo: *"Fui convocada por él en el Hotel Savoy. Asumí que sería en una sala de conferencia, algo muy común. Cuando llegué, en la recepción me dijeron que fuera a su habitación. Él abrió la puerta y solo llevaba puesto el albornoz. Yo era increíblemente ingenua y joven, y no se me pasó por la mente que este hombre mayor y poco atractivo esperara que yo tuviera algún interés sexual en él.*

*Después de negarme a tomar alcohol y anunciar que tenía escuela a la mañana siguiente, me fui, incómoda pero indemne".*

**Cara Delevingne**, modelo y actriz conocida por sus papeles en *"Anna Karenina" "Escuadrón Suicida" y "Valerian y la ciudad de los mil planetas"*, además de desfilar para Óscar de la Renta, Victorias's Secret, Moschino, Dolce & Gabbana y Chanel. Publicó en su cuenta de Instagram: *"Cuando empecé como actriz, estaba trabajando en una película y recibí una llamada de Harvey Weinstein, preguntando si había dormido con alguna de las mujeres con las que me había visto en los medios de comunicación. Fue una llamada muy rara e incómoda. No respondí a ninguna de sus preguntas e intenté colgar el teléfono, pero antes de hacerlo, me dijo que si yo era lesbiana o decidía estar con una mujer, especialmente en público, que nunca obtendría el papel de una mujer heterosexual o lo haría como una actriz en Hollywood".*

Weinstein la invitó a su habitación, oferta que Cara Delevingne intentó rechazar, pero ante la insistencia del hombre más poderoso de Hollywood, su inocencia y su juventud, aceptó finalmente. Dijo: *"Cuando llegué, me sentí aliviada al encontrar a otra mujer en su habitación y pensé que estaba a salvo. Pidió que nos besáramos y la otra chica empezó a acercarse hacia mí. Me levanté rápidamente y le pregunté si sabía que podía cantar. Y comencé a hacerlo como si estuviera en una audición. Pensé que mejoraría la situación. Estaba muy nerviosa. Después de cantar volví a decir que tenía que irme. Me acompañó hasta la puerta y se paró frente a ella y trató de besarme en los labios. Lo detuve y logré salir de la habitación. Siempre pensé que me dio el papel en la película por lo que pasó. Desde entonces me sentí fatal por hacerla. Sentí que no merecía el papel".* Junto al relato en sus redes sociales, le acompañaba la frase: ***"Don't Be ashamed of your story IT WILL inspire others"*** (No te avergüences de tu historia, inspirará a otros).

**Rosanna Arquette**, actriz que trabajó en films como *"Pulp Fiction" "Buscando a Susan desesperadamente"* (junto a Madonna) y *"Silverado"*, afirmó que Weinstein fue el culpable de que su carrera terminara en una alcantarilla. Se planteó seriamente denunciar al productor en su momento pero fueron los propios agentes del productor quienes la aconsejaron que se mantuviera callada. Al saber que la actriz estaba decidida a hacer público su forma de actuar, el magnate del cine empezó una campaña de desprestigio contra ella para que absolutamente nadie de la industria la llamara para ofertarla papeles importantes o de cierta trascendencia mediática. La actriz sabía que estaba en una encrucijada y nadie la iba a creer, apoyar ni darla trabajo. Todos eran cómplices: actores, directores, productores... Ir contra Weinstein significaba desaparecer de los castings, mesas de contratación, expectativas, y pasar a ser irrelevante en la industria. Todos lo sabían pero mantenían silencio. Todos eran títeres temerosos, donde el hilo que les mantenía en pie bailando al son de su música, podía ser cortado en cualquier momento. La mejor opción era adormecer los sentidos: no ver, no hablar, no oír, no pensar.

**Gwyneth Paltrow** es una de las mujeres más mediáticas que denunciaron a Weinstein. Ganadora de un Óscar por su papel en *"Shakespeare in Love"*, en su filmografía aparecen títulos como *"Hook" "Seven" "The Avengers" "Iron Man" y "Spiderman"*. Expareja de Chris Martin (cantante del grupo Coldplay), Ben Affleck, Brad Pitt y Mark Wahlberg.

Matt Damon (*El Indomable Will Hunting, la saga Bourne, Infiltrados, Salvar al Soldado Ryan* y *The Martian*), dijo que su gran amigo Ben Affleck le contó el caso pero que nunca habló del tema con Gwyneth porque ella creía poder manejarlo sola. Damon se refirió a la actriz como *"la primera dama de Miramax"*, por el poder e influencia que tenía en Hollywood.

El actor afirmó: *"Cuando la gente dice que todo el mundo sabía lo que estaba pasando, sí, yo lo sabía. Sabía que Weinstein era un gilipollas y que estaba orgulloso de ello. Era su manera de comportarse. Sabía también que presumía de ser un mujeriego, y por eso nunca habría querido estar casado con ese tipo pero nunca se me pasó por la cabeza que fuera un depredador sexual y criminal. Nunca. Bastaba pasar cinco minutos con él para darse uno cuenta de que era un abusón. Le encantaba intimidar a quien tuviera delante. El problema es que Miramax era realmente el lugar del cine en el que tenías que estar porque hacían las mejores películas de los noventa. Y cuando te ofrecían algo, lo único que podías pensar era: ¿Podré sobrevivir a este tipo? Harvey me contaba una y otra vez los amoríos que tuvo con varias mujeres y yo casi nunca le creía, porque hacerlo implicaría pensar mal de actrices que eran muy buenas amigas mías. Pero ahora la idea de que ese depredador ha estado tanto tiempo suelto silenciando a mujeres me provoca mucho más que un enfado".*

La actriz confesó que Weinstein la llamó a su habitación para una reunión de trabajo en 1995, cuando ella tenía veintidós años, y estaba haciendo diversas audiciones para un papel en una película que se titularía *"Emma"*. Él puso sus manos encima de ella e insinuó si quería un masaje. En esa época, la pareja de Gwyneth Paltrow era Brad Pitt, quien al enterarse de este hecho fue a buscar al productor y se encaró con él, amenazándole de pegarle una paliza si seguía por ese camino. El actor de *"Leyendas de Pasión" "Seven" "El Club de la Lucha"* y *"Malditos Bastardos"*, fue una de las contadas personas que en su momento actuaron y levantaron la voz contra el poderoso productor. Esto le pudo costar muy caro en su carrera. Después del encuentro entre los dos, Weinstein llamó a Gwyneth y la amenazó para que no le dijera a nadie más lo sucedido o tendría serios problemas: *"Pensé que iba a despedirme. Me gritó durante mucho tiempo. Fue brutal"*, confesó la actriz en *"The New York Times"*.

Como todos en la industria del cine más poderosa del mundo, tenías que tragarte tu orgullo, agachar la cabeza y mirar hacia otro lado para poder ser alguien en el séptimo arte y poder vivir muy bien de ello. Pero Brad Pitt jamás olvidó aquello y, aunque tuvo que callarse muchas cosas, juró vengarse algún día de ese tipo tan nausebaundo y despreciable. Tras salir a la luz en octubre de 2017 el escándalo, la venganza del ganador del Óscar de la Academia por la película *"Érase una vez en Hollywood"*, encontró la forma de hacerle pagar por todos sus delitos sexuales llevando a las pantallas la historia de Weinstein, relatando y reflejando cómo utilizaba su poder para coaccionar, engañar, abusar y violar a muchas mujeres. La película estará basada en la cobertura de la conducta sexual que hicieron los periodistas Jodi Kantor y Megan Twohey.

**Mira Sorvino**, actriz ganadora de un Óscar por su papel en *"Poderosa Afrodita"*, repentinamente vio cómo empezó a protagonizar películas de serie B sin apenas presupuesto. Sorvino contaba en *"The New Yorker"* cómo en 1995, en la cresta de la ola de su popularidad, y recién acabada de grabar el film que le daría la estatuilla de la Academia, todo viró de forma radical por haber rechazado a Weinstein.

Muchas películas que rodó, iban directamente al Vídeo-Club o la televisión, sin pasar por las salas de proyección. Peter Jackson, director de *"El Señor de los Anillos"*, contaba cómo los estudio Miramax le disuadieron de contar con Sorvino y Ahsley Judd en la trilogía de J.R.R. Tolkien. El director no dudó en tildar a Weinstein como un mafioso de segunda fila.

Paul Sorvino, padre de la actriz, tras enterarse de que su hija era una de las víctimas del depredador de Hollywood, dijo: *"Si me lo encuentro por la calle, debe rezar por ir a la cárcel porque si nos cruzamos, terminará tumbado en el suelo, de algún modo, extrañamente. Va a acabar entre rejas. Ya lo creo. Hijo de puta. Bien por él si va porque si no, tendrá que encontrarse conmigo. Y mataré al hijo de puta. Así de simple".*

Mira Sorvino sentenció: *"Estoy aquí para alentar un discurso masivo. La atmósfera de impunidad para los depredadores que consideran que es su derecho crear climas de intimidación sexual donde para mantener el trabajo o el bienestar uno debe de alguna manera soportar o cumplir con estos ilícitos avances, debe ser cerrado. La vergüenza de la víctima debe ser sofocada y los verdaderos malhechores castigados en toda la extensión de la ley. Debemos, podemos y vamos a trabajar juntos para cambiar esa cultura en este momento. Lucharé para que mis hijas e hijos no tengan que soportar lo que yo y todas las generaciones anteriores hemos tenido que hacer. Para que todo el éxito de nuestros hijos no esté determinado por su disposición a someterse a avances sexuales desagradables, sino por la calidad de su trabajo y la integridad de sus espíritus. Para que puedan caminar con la cabeza bien alta, sin inclinarse y sin miedo a vivir sus vidas en libertad, solidaridad y poder".*

**Claire Forliani**, famosa por sus papeles en *"¿Conoces a Joe Black?"* (junto a Brad Pitt y Anthony Hopkins) o *"Conspiración en la red"*, y la modelo **Zoë Brock**, contaban lo que parece la táctica preferida de Weinstein que narran todas las mujeres implicadas: Cita en hotel, aparece e albornoz y las pide que le den un masaje.

**Angelina Jolie**, posiblemente las mujer mediática de Hollywood más reconocida a nivel mundial, también denunció al productor. Entre sus películas más taquilleras se encuentran *"Lara Croft - Tomb Raider"* *"Sr. y Sra. Smith"* y *"Maléfica"*. La actriz reveló al *"Times"* que durante el estreno de la película "Playing By Heart", rechazó las insinuaciones de Weinstein en una habitación de hotel. Ella tenía veintitrés años en ese momento. Afirmó: *"Tuve una mala experiencia con Harvey Weinstein* *en mi juventud y, como resultado, decidí no volver a trabajar con él nunca más, y advertir a las demás cuando lo hicieran".*

A la actriz **Eva Green** (*300, Sin City, Casino Royale o El Reino de los Cielos*), Weinstein la sorprendió en un hotel de París. Dijo: *"Las mujeres a menudo son condenadas cuando hablan y su reputación personal se ve manchada. Celebro la gran valentía de las mujeres que han hablado. Debemos reconocer que este tipo de comportamiento existe en todas partes y no es exclusivo de la industria del entretenimiento. La explotación del poder es algo omnipresente. Es inaceptable y debe desaparecer".*

**Lupita Nyong'o**, ganadora de un Óscar por el film *"12 años de esclavitud"*, también se sumó a las denuncias de compañeras de profesión. Reveló que conoció a Weinstein en un hotel de Alemania: *"Fue en el año 2011, en la ceremonia de premios de Berlín, mientras todavía estudiaba en la Escuela de Arte Dramático de Yale. Un intermediario me lo presentó, definiéndole como el productor más poderoso de Hollywood. Como actriz aspirante que era, estaba ansiosa por conocer a gente de la industria, pero quien me lo presentó, reseñaba que era un buen contacto en la industria, pero que tuviera mucho cuidado porque podía ser un abusador. Harvey vino a buscarme y me dijo que quería mostrarme algo. Protesté ya que quería terminar de ver la película que estaban proyectando, pero insistió en que fuera con él, dictando la ley como si yo también fuera uno de sus hijos. No quería montar un lío así que salí de la habitación con él. Me llevó a su dormitorio y dijo que quería darme un masaje. Pensé que estaba bromeando al principio. Me sentí insegura. Entré en pánico un poco y pensé rápidamente en ofrecerme, y ser yo quien le hiciera un masaje, poder tomar el control y saber en todo momento dónde estaban sus manos. Estuvo de acuerdo. Se recostó en la cama. Empecé a masajearle la espalda para ganar tiempo, encontrar una salida y pensar cómo librarme de esa situación indeseable. Al poco rato, dijo que quería* *quitarse los pantalones. Le dije que no hiciera eso porque me haría sentir extremadamente incómoda. Se levantó de todos modos para hacerlo y me dirigí a la puerta, diciendo que no estaba del todo cómoda en ese instante. Si no vamos a ver la película, debo regresar a la escuela, le dije. Abrí la puerta y me puse de pie junto al marco. Se puso la camisa y volvió a mencionar lo terca que era. Asentí, con una risa fácil y nerviosa, tratando de escaparme y velar por mi integridad. Después de todo, estaba en su casa, con sus empleados, pero creo que era una habitación insonorizada. No sabía cómo proceder sin poner en peligro mi futuro. Lo que tuve claro desde ese instante es que no aceptaría ninguna visita más a sitios privados con Harvey Weinstein".*

Una noche en New York, Lupita fue invitada a la proyección de una película. Tras visionarla e ir a un restaurante de TriBeCa a cenar, la asistente de Weinstein la dijo que cenarían los dos solos. Nada más comenzar la cena, el productor la dijo que mejor llevaran la cena a su habitación, así estarían más cómodos. Lupita rechazó como pudo la invitación. Fue en ese instante cuando Weinstein la amenazó diciéndola que si quería ser alguien, debía estar dispuesta a hacer ese tipo de cosas. Ante la insistencia de la actriz en no aceptar la inviración, él sentenció: *"No sabes lo que estás haciendo y lo que estás rechazando".*

La actriz **Annabella Sciorra**, famosa por su actuación en la serie *"Los Soprano"*, confesó en *"The New Yorker"* que Weinstein la violó a principios de la década de los noventa. El productor la acompañó después de una cena y entró forzosamente en su casa, donde la violó. Esa no fue la única vez. Durante los años siguientes, las agresiones sexuales no cesaron bajo la amenaza de arruinar su carrera profesional.

Sciorra explicó detalladamente los hechos: *"Él entró en la casa y empezó a caminar para mirar si había alguien más. Se empezó a desabrochar la camisa. Lo que quería era obvio y yo no quería sexo..*

*Intenté zafarme pero me cogió y tiró sobre la cama. Conforme intentaba quitármelo de encima le daba puñetazos y patadas y tomó mis manos y me las puso sobre mi cabeza. Se puso sobre mí, introdujo su pene en mi vagina y me violó. En cierto momento paró y eyaculó sobre mi pierna. Luego Weinstein dijo: "Controlo perfectamente los tiempos". Y entonces procedió a poner su boca en mi vagina y antes de hacerlo dijo: "Esto es para ti". Fue entonces cuando me desmayé. Cuando desperté, sentenció: "Esto queda entre tú y yo".*

La actriz **Daryl Hannah** *(1,2,3 Splash, Wall Street, Magnolias de Acero, Two Much, Blade Runner y Kill Bill)*, reveló que Weinstein la golpeó en la puerta de un hotel y tuvo que escapar por una salida trasera. Al día siguiente tuvo que atrincherarse dentro de su habitación con los muebles dispuestos en forma de barricada para evitar que él entrara. En otra ocasión, el productor la pidió que le dejara tocarla los pechos y, al negarse, tomó represalias contra ella en el apartado profesional.

**Salma Hayek** (*Abierto hasta el amanecer, El Mexicano* y *Wild Wild West*) cuenta que para conseguir que Weinstein cogiera las riendas para hacer la película *"Frida"*, fue cuando empezó su calvario particular. El productor trataba obtener favores sexuales de la actriz a cambio de su implicación en el proyecto. Hayek declaró: *"Mi día a día consistía en rechazarle. Negarme a abrirle la puerta a todas las horas de la noche, en un hotel tras otro, en cualquier lugar, donde se presentara de repente, no ducharme con él, no mirarle mientras lo hacía, no dejarle darme un masaje, no dejar que una amiga suya desnuda me diera un masaje, no dejarle que me hiciera sexo oral, no desnudarme con otra mujer. Con cada rechazo Weinstein entraba en ira". En una ocasión, la actriz amenazó al productor: "Te mataré, no creas que no soy capaz. Me he preguntado muchas veces si fue mi amistad con Quentin Tarantino y George Clooney lo que me salvó de ser violada".*

Salma continúa su relato: *"El productor pidió que el personaje de Frida Khalo fuera más sexy. Exigió que hubiera una escena de sexo lésbico en el que se me viera a mí con Ashley Judd completamente desnudas. Tuvo que intervenir la directora Julie Taymor y convencerle que no era una buena idea. Weinstein quería ver cumplido su fantasía erótica de la forma que fuera posible. El día que rodábamos esa escena, sufrí un ataque de ansiedad, me eché a llorar y acabé vomitando ante el asombro de todo el equipo, que desconocía el contexto en el que se había incluido esa escena lésbica en la película. ¿Por qué tantas de nosotras, artistas mujeres, tenemos que ir a la guerra para poder contar nuestras historias cuando tenemos tanto que ofrecer? ¿Por qué tenemos que pelear con uñas y dientes para mantener la dignidad? Creo que es porque como mujeres, hemos sido devaluadas artísticamente hasta un nivel de indecencia, hasta el punto de que la industria del cine ha dejado de esforzarse por averiguar qué quiere ver el público femenino y qué historias queremos contar"*.

En esta espiral de denuncia pública en los medios de comunicación y redes sociales, empezaron a asomar la cabeza aquellos famosos que no fueron directamente afectados por el problema, pero que sabían que esto sucedía en Hollywood y mantuvieron silencio como el resto, para que sus carreras artísticas no se vieran afectadas. Una de las primeras en salir a la palestra fue **Jane Fonda**: *"Estoy arrepentida de no haber hablado antes sobre esto"*. En unas declaraciones a la cadena CNN, dijo: *"Me enteré hace un año y me avergüenza no haber dicho nada en ese momento. Supongo que no era lo suficientemente valiente. Creo que como no me había sucedido a mí, sentí que no me correspondía hacerlo"*.

Ewan McGregor (*Trainspotting, Star Wars*) dijo que todo el mundo de la industria sabía o intuía lo que hacía Harvey Weinstein: *"Era cuestión de tiempo que todo saliera a la luz y está recibiendo lo que se merece. Había escuchado rumores con el paso de los años pero esto es horrible. Adiós acosador"*, tuiteó en su red social.

Ben Affleck (*Batman, Argo, Daredevil, Pearl Harbor, Armageddon*) escribió en Twitter: *"Estoy disgustado y enfadado con el hombre con el que he trabajado y ha usado su posición de poder para intimidar, acosar sexualmente y manipular a muchas mujeres durante décadas. Esto es completamente inaceptable y estoy preguntándome qué puedo hacer para que esto no le pase a otras mujeres. Necesitamos proteger a nuestras hermanas, amigas colegas e hijas".*

Si hay alguien dentro de la industria íntimo amigo de Weinstein, es el director Quentin Tarantino (*Malditos Bastardos, Kill Bill, Django Desencadenado, Pulp Fiction, Reservoir Dogs* o *Érase una vez en Hollywood*). Tras el escándalo, admitió: *"Sabía lo suficiente para haber actuado y hecho algo al respecto. Cualquier cosa que diga ahora sonará a excusa barata. Tenía información de primera mano sobre lo que ocurría, más allá de chismes y rumores. Ojalá hubiera actuado de otra manera y haber asumido alguna responsabilidad sobre todo lo que se escuchaba y sabía. Necesito un par de días para procesar mi dolor, mis emociones, mi enfado y mis recuerdos. Lo que hice fue marginar los incidentes".*

La tormenta no cesaba, la indignación se contagiaba. Un secreto no permanece eterno, es algo que debes contar a alguien. Y el de Harvey Weinstein había llegado a su fin. El escándalo y sus dimensiones eran tan grandes que días después apareció un movimiento creado por la actriz **Alyssa Milano** llamado *"Me Too"* al que se sumaron miles de mujeres.

**#MeToo** fue un movimiento viral aparecido en octubre de 2017 en las redes sociales para ayudar a las mujeres que han sufrido abusos a denunciarlo y contar su experiencia.

De repente, miles de mujeres de todo el mundo empezaron a participar en las redes sociales con sus relatos y denuncias sobre los abusos sexuales que habían sufrido en primera persona. El movimiento *"Me Too"*, cuyo significado es *"Yo También"*, realmente empezó en 1996, promovido por la activista de derechos civiles **Tarana Burke**, ubicada en el barrio del Bronx de Nueva York.

Burke comenzó a usar este eslogan para crear conciencia sobre la penetración del abuso y asalto sexual en la sociedad. Tarana escuchó el testimonio de una niña que sufrió abuso sexual por parte de un familiar y no pudo hacerle frente. ***Me too Movement*** (Movimiento Yo También), se centraba en mujeres jóvenes que habían sido víctimas de abuso, agresión o explotación sexual.

Según la web oficial **https://metoomvmt.org/** más de 18 millones de mujeres desde el año 1998 han reportado sus experiencias. El objetivo de esta web y del movimiento *"Me Too"* es ayudar a los supervivientes de la violencia sexual, particularmente a las mujeres jóvenes de color de las comunidades de baja riqueza, a encontrar vías para la curación, abordar la escasez de recursos para supervivientes de violencia sexual e intentar construir una comunidad y sociedad igualitaria, así como crear soluciones para acabar con la violencia sexual en sus comunidades.

En menos de seis meses, la etiqueta *#MeToo* se viralizó. Aquello que comenzó como un trabajo de base local, se expendió para llegar a una comunidad global que aglutina todos los ámbitos de la vida. Gente joven, gays, transexuales, discapacitadas, mujeres y niñas negras, y todas las comunidades de color, donde los culpables rindan cuentas y comenzar un cambio sistémico a medio-largo plazo.

El movimiento tuvo tanto impacto, que en cualquier país del mundo se creó el propio movimiento en su lengua e idioma:

Árabe: #كمان_أنا

Canadá: *#MoiAussi*

China: #我也是

Corea del Sur: #나도당했다

Finlandia*: #memyös*

Francia*: #balanceTonPorc*

Irán: همینطور_هم_من#

Italia*: #QuellaVoltaChe*

Israel: #גםאנחנו

Noruega*: #stilleforopptak*

Rusia*: #Ятоже*

Vietnam*: #TôiCũngVậy*

Bjork, Sheryl Crow, Lady Gaga, Heather Graham, Mónica Lewinsky, Rosario Dawson, Anna Paquin, Viola Davis, Uma Thurman... Miles de mujeres anónimas y famosas empezaron a contar sus experiencias que habían callado y mantenido en secreto durante años. Relatos impactantes de cómo habían sufrido acoso, abuso sexual y/o violación.

Si ya existía un movimiento feminista, este acontecimiento agitó aún más a millones de mujeres en todo el planeta. En Francia, actrices, directoras y profesionales del mundo del cine galo presentaron el Movimiento Feminista ***Maintenant On Agit*** (Ahora, actuamos) contra la violencia sexual, con el apoyo de la actriz y cantante **Vanessa Paradis** (ex mujer de Johnny Deep), **Diane Kruger** y **Julie Gayet**, (pareja del expresidente francés François Hollande).

> *"Hemos sufrido. Hemos aguantado. Nos han matado. Hemos gritado. Hemos delatado. Hemos denunciado. Nos hemos unido. Hemos polemizado. Ahora, actuamos".*

Este es el alegato que acompañaba el manifiesto que firmaron 130 artistas francesas con el objetivo de conseguir donaciones para organizaciones que defienden a mujeres víctimas de violencia sexual. *#MeToo* tuvo su versión en Francia con la etiqueta *#Balancetonporc* (denuncia a tu cerdo), con la que miles de mujeres denunciaron casos de abusos sexuales en las redes sociales. *Maintenant On Agit* se marcó el objetivo de recaudar un millón de euros para la lucha contra la violencia contra las mujeres. En Francia se registró un aumento de las denuncias de violaciones y otros tipos de agresiones sexuales en el último trimestre de 2017, entre un 30% y un 35% más de denuncias por agresiones sexuales (no violaciones) que en el año 2016.

De esta iniciativa se creó *Time's Up,* bajo el apoyo de **Emma Stone**, **Cate Blanchett**, **Jennifer Lawrence** y **Reese Witherspoon** para recaudar fondos. Más de trescientas mujeres de Hollywood (actrices, cantantes, guionistas y productoras) se unieron a esta iniciativa para luchar contra el maltrato sexual y el abuso contra las mujeres, así como garantizar una igualdad social: *"La lucha para que las mujeres accedan,* *asciendan o simplemente sean escuchadas y acogidas en un entorno laboral dominado por los hombres debe acabar, es hora de terminar con este monopolio"*, señalaban las mujeres que conforman este movimiento: *"El acoso persiste porque los perpetradores y los empleadores nunca se enfrentan a ninguna consecuencia"*, señalaban. El perfil de Instagram oficial de la iniciativa es **@timesupnow**

El movimiento feminista estaba en ebullición y parecía que nada ni nadie podía pararlo. En 1837, el socialista francés Charles Fourier, utilizó el término *"feminisme"* para describir la liberación de la mujer en un futuro utópico. Fourier pensaba que dicha liberación era una utopía. Para llegar a este momento de la historia, miles de mujeres han creído que es posible y que la igualdad es un objetivo alcanzable.

En 1871, un estudiante de medicina llamado Ferdinand-Valérie Fanneau de la Cour, lo utilizó en su tesis ***"Du fèminisme et de l'infantilisme chez les tuberculeux"*** (*Del feminismo y el infantilismo en los tuberculosos*), para referirse a la patología que aquejaba a los varones que sufrían de este mal.

Un año después, Alejandro Dumas (*El Conde de Montecristo, Los Tres Mosqueteros, La Reina Margot*) utilizó el término para desprestigiar a los hombres que apoyaban el movimiento de mujeres que demandaban el acceso a sus derechos ciudadanos.

Uno de los hitos históricos que marcaron un gran cambio, ocurrió en 1955 cuando **Rosa Parks**, una mujer negra en plena época de persecución contra los negros en Estados Unidos, se negó a ceder su asiento a un blanco en un autobús. Esa acción fue la chispa que encendería la pólvora del movimiento por los derechos civiles en USA.

El 1 de diciembre de 1955, Rosa Parks cogió el autobús para volver a su casa. En esos años, existían baños públicos para blancos y otros para negros, fuentes de agua donde sólo podían beber blancos y otros para negros, asientos en cafeterías donde podía sentarse un negro... era la segregación y el racismo en estado puro. Y por supuesto, todas las zonas, asientos, baños, etc... siempre eran mejores los destinados a los de piel blanca. Los autobuses públicos también estaban señalizados con una línea: los blancos adelante y los negros detrás. Así, la gente de color subía al autobús, pagaba al conductor, se bajaba y volvía a subir de nuevo por la puerta trasera. Ese día, Rosa Parks se sentó en los asientos del medio, que podían usar los negros si ningún blanco lo requería. Cuando se llenó la parte de los blancos, el conductor la ordenó a ella y a tres hombres negros que cedieran sus asientos a los hombres blancos que acababan de subir. Los tres hombres se levantaron y se fueron hacia la parte trasera, pero Rosa se quedó sentada. El conductor la instó a ceder el asiento porque era lo que dictaminaba y obligaba la ley. El autobús quedó parado porque se avisó a la policía para que acudiera. Esa noche la pasó en el calabozo acusada de perturbar el orden público y tuvo que pagar 14 dólares. Este hecho desencadenó en los acontecimientos y movimientos por el fin de la segregación más importante de la historia.

Martin Luther King organizó una oleada de protestas contra la segregación en los autobuses públicos, que han pasado a la historia como el *"Boicot de autobuses de Montgomery"*, y empezó justo el día del incidente de Rosa Parks, y terminó el 20 de diciembre de 1956. En total 382 días.

El 14 de mayo de 2011, quien era por entonces el Presidente del Fondo Monetario Internacional (FMI), Dominique Strauss-Kahn, fue detenido en el aeropuerto Jonh F. Kennedy (Nueva York) acusado de intento de violación por parte de una camarera de hotel, llamada **Nafissatou Niang Diallo**. El 5 de julio de 2011 la periodista y escritora francesa **Tristane Banon** también interponía una denuncia contra Strauss-Khan por intento de violación en el año 2002. La periodista italiana **Myrta Merlino** afirmó en 2013 que Strauss-Kahn, veinte años mayor que ella, intentó asaltarla en un hotel de Davos, donde el por entonces ministro de Economía y Finanzas participaba en una reunión anual. Ha sido acusado por otras 13 personas de haber organizado una red de prostitutas para su servicio. Más de una quincena de orgías organizadas en Bélgica, París, Washington o Nueva York, tomando como base de operaciones el *"Hotel Carlton de Lille"* entre 2007 y 2011, cuando Strauss-Kahn estaba al frente del FMI, a las que se dedicaron unos 100.000 euros.

Una de las personalidades más queridas en el mundo como Bill Cosby, fue acusado por treinta y cinco mujeres donde había actrices, modelos, camareras y periodistas. **Barbara Bowman**, quien conoció a Cosby a la edad de diecisiete años, dijo: *"Me sentía como una prisionera, como si hubiera sido secuestrada y estuviera escondida a plena luz. Cosby abusó de mí emocional y sexualmente. Fui drogada y violada por ese hombre. Es un monstruo. Mi esperanza es que otras que han experimentado abusos sexuales no se vean intimidadas a callar por culpa de los ricos, famosos y poderosos. Si puedo ayudar a una víctima, entonces he hecho mi trabajo".*

Barbara era una aspirante a actriz y modelo adolescente cuando conoció a Bill Cosby en 1985: *"Estaba estudiando interpretación cuando mi agente me dijo que estaba buscando jóvenes talentos y que tenía una oportunidad de ser preparada por él personalmente. Estaba deseosa de agradar. Podía ser mi gran oportunidad. Podía haber caminado por cualquier calle de Manhattan a cualquier hora y haber dicho: "Estoy siendo violada y drogada por Bill Cosby, pero ¿quién diablos me habría creído? Nadie, nadie". La actriz continúa: "Apagó las luces. Estaba oscuro. Me tiró en el sofá y comenzó a tocarme por todas partes. Entonces puso mi mano en su pene, cubriéndola con la suya. Me hizo masturbarle. No podía ver lo que sucedía. Cuando se acabó, salí corriendo de la habitación y vomité. En otro episodio, me desperté en ropa interior en el baño del actor y no recordaba nada, por qué estaba allí y cómo llegué. Estoy convencida que me drogó y violó".*

**Lili Bernard**, una de las actrices de *"El show de Bill Cosby"*, dijo: *"A principios de los 90, cuando yo tenía poco más de veinte años, él era mi mentor. Se ganó mi plena confianza y entonces me drogó y me violó. No diría que esté loco. Sentí que él sabía perfectamente lo que hacía".*

La Academia de las Ciencias y las Artes Cinematográficas de Hollywood, tras una votación, decidió expulsar del grupo a sus miembros Bill Cosby y el director polaco Roman Polanski. La decisión, tomada por los miembros de la Junta de Gobernadores de la entidad, vino determinada por los escándalos sexuales que les han salpicado y los delitos que se les imputan, afirmando: *"Requerimos que los miembros defiendan los valores de respeto de la Academia por la dignidad humana".*

En 1977, Roman Polanski fue arrestado e imputado en Los Ángeles (California - USA), por cinco delitos sexuales contra una niña de trece años llamada Samantha Gailey (ahora **Samantha Geimer**). El director aceptó declararse culpable a cambio de un cargo menor. Sin embargo, cuando supo que era probable que fuera a la cárcel, huyó a Europa. Desde entonces, no pisa suelo norteamericano porque sería detenido inmediatamente.

En ese año, Roman Polanski tenía 44 años y le dijo a la madre de Samantha que la revista *"Vogue"* le había encargado fotografiar a adolescentes para realizar un reportaje fotográfico. Una vez a solas con la niña, el director la presionó para que posara con los pechos al descubierto. Días después, Polanski la llevó a la casa del actor Jack Nicholson, donde la dio de beber champán pese a su juventud y la drogó con *Quaalude*. Después de esto, la hizo varias fotos y la violó.

Los efectos de esta droga sedante-hipnótica incluyen falsa euforia, somnolencia y aumento de la excitación sexual. Después de violarla, la dijo que no dijera nada a nadie y que sería su secreto. Fue acusado de sodomía, violación, corrupción de menores y delito sexual entre otros.

El 19 de diciembre de 1977 Polanski entró en prisión donde estuvo recluido 42 días. Los abogados temían que el juez Laurence J. Ritterband se dejara influenciar por la opinión pública y que el objetivo era dar ejemplo a partir de una figura tan controvertida y conocida como el director de cine. Antes de que el juez dictara sentencia, Polanski se fugó a Londres, y al día siguiente se trasladó a su país natal. Días después, las autoridades norteamericanas pidieron la extradición del director, pero el acuerdo existente entre Francia y USA determina que cualquiera de ellos puede negarse a extraditar a uno de sus ciudadanos. El país galo no accedió a la petición. Desde entonces, el director no volvió a pisar suelo norteamericano hasta el verano de 2017, cuando se presentó en un juzgado de Los Ángeles.

En 2009 el gobierno francés retiró su apoyo público al director. Una encuesta reveló que el 70% de la sociedad francesa estaba de acuerdo con la extradición de Polanski. Ese mismo día de finales de septiembre de 2009, más de cien directores firmaron un comunicado que solicitaba la liberación de Polanski tras su detención en Suiza. Entre los nombres de los firmantes estaban los directores más aclamados de la industria del cine: Martin Scorsese, Guillermo Del Toro, Woody Allen, Wim Wenders, Darren Aronofsky, David Lynch, Alejandro González Iñárritu, Wes Anderson, Pedro Almodóvar, Michael Mann, Alfonso Cuarón, Jonathan Demme, Terry Gilliam, Stephen Frears, Thierry Fremaux, Julian Schnabel, Wong Kar-wai... Incluso el hombre más poderoso de Hollywood, Harvey Weinstein, mostró su apoyo al director.

En octubre de 2017, una actriz llamada Renate Langer acusó al cineasta de abusar de ella en su casa de Gstaad (Suiza) en 1972, cuando tenía 15 años. La denunciante explica que había roto su silencio animada por las declaraciones de otras mujeres y porque sus padres ya están muertos. Dos días después, saltó a la luz pública el escándalo de Harvey Weinstein. Un año después, El diario *"Le Parisien"* publicó el testimonio de la actriz y modelo Valentine Monnier: *"En 1975 fui violada por Roman Polanski. Yo no tenía ningún vínculo con él, ni personal ni profesional, y apenas lo conocía. Fue de una extrema violencia, después de esquiar, en su chalé, en Gstaad (Suiza). Me golpeó hasta que me rendí. Después me violó haciéndome sufrir todas las vicisitudes. Yo acababa de cumplir 18 años"*.

El 3 de mayo de 2018, Bill Cosby y Roman Polanski siguen los pasos de Harvey Weinstein y son expulsados de la Academia de Hollywood por los delitos sexuales cometidos.

El acoso, abuso sexual y las violaciones que han sufrido y sufren en la actualidad las mujeres se extiende a cualquier rincón del planeta. Los datos son impactantes, desalentadores y deben hacer replantearnos seriamente el problema que existe y que sufren millones de niñas, adolescentes y mujeres:

- 1 de cada 3 mujeres ha sufrido algún tipo de agresión sexual en el mundo.

- Cada 2 segundos una niña contrae matrimonio forzado.

- 12.000 niñas son secuestradas y obligadas a casarse cada año.

- 8.000 chicas se ven afectadas en disputas por la dote anualmente en la India.

- En el sudeste de Asia mueren más mujeres por violencia machista que por conflictos armados.

- En Brasil mueren 15 mujeres al día a manos de hombres.

- Más de 4 millones de mujeres han sido violadas en Francia.

- Muere 1 mujer cada 8 minutos por maltrato machista en el mundo.

- 65.700 mujeres al año

***La violencia machista mata y crea daños psicológicos muy graves.***

Dentro del maltrato que sufren las mujeres en todo el mundo, es desolador ser conscientes del abuso a millones de niñas en todo el mundo. Niñas obligadas por su familia a casarse con adultos (matrimonio infantil).

En Kirguistán este fenómeno se llama *"ala kachuu"*, que significa *"coger y salir corriendo"*. Aún existen países donde esta práctica está consentida y permitida: Armenia, Etiopía, Sudáfrica, Kazajistán... y Estados Unidos.

El matrimonio infantil y la mutilación genital femenina son violaciones de los derechos humanos reconocidas internacionalmente. Actualmente, 765 millones de mujeres en todo el mundo se casaron siendo niñas, y más de doscientos millones han sufrido la mutilación genital femenina, y casi la mitad se producen en Bangladesh, Brasil, Etiopía, India y Nigeria.

En Asia, el 50% se casan antes de los dieciocho años. En Yemen ni siquiera existe una edad mínima, así que una niña de cinco años puede contraer matrimonio y mantener relaciones sexuales con su marido. Se trata de auténticas aberraciones que tras de sí, esconden violaciones masivas. En Etiopía una niña puede casarse con siete y ocho años. En Sudán y Arabia Saudí con diez años. En Tanzania y Angola el límite son los quince años. En Estados Unidos se estima que hay 250.000 niñas casadas. Uno de cada cinco matrimonios infantiles se dan con niñas menores de quince años.

Antes de la pandemia de la COVID-19, cien millones de niñas corrían el riesgo de contraer matrimonio infantil en esta década. La proporción de mujeres jóvenes de todo el mundo que se casaron cuando eran niñas se redujo en un 15% en la década anterior, pasando de una de cada cuatro a una de cada cinco, evitando veinticinco millones de matrimonios.

Uno de los casos más notorios fue el de **Sherry Johnson**. Sus padres la obligaron a casarse con el miembro de su iglesia que la violó. Esto sucedió cuando ella tenía tan solo ocho años. Se quedó embarazada de su primer hijo con diez años de edad. Durante su matrimonio tuvo un total de nueve hijos. Su marido la abandonó y hoy, Sherry lucha por erradicar el matrimonio infantil en USA: *"Mi mamá me preguntó si quería casarme y yo la contesté que no sabía qué era el matrimonio ni cómo debía actuar una esposa"*.

Sherry fue violada a lo largo de su matrimonio. No tenía edad legal para votar, conducir, beber alcohol, salir del país sin permiso de los padres, firmar documentos, abrir una cuenta, firmar un contrato... pero era madre y estaba casada.

14 millones de adolescentes entre quince y diecinueve años dan a luz cada año, según datos de UNICEF. Las que se encuentran en esta franja de edad tienen más probabilidades de morir durante el embarazo o el parto que quienes ya han cumplido veinte años. La gran mayoría de los

matrimonios infantiles son de niñas con hombres adultos, y no de niños con mujeres adultas.

El matrimonio infantil tiene consecuencias inmediatas y permanentes para las niñas que sufren esta práctica, ya que tienen más probabilidades de ser víctimas de la violencia doméstica y menos opciones de permanecer en la escuela. También aumenta el riesgo de embarazos precoces y no planificados, lo que provoca complicaciones derivadas del embarazo y mortalidad materna. Esta práctica también puede aislar a las niñas de sus familias y amigos e impedirles participar en sus comunidades, una situación que tiene graves consecuencias para su salud mental y bienestar.

**Karla Jacinto** era una niña mexicana que fue secuestrada a los doce años y obligada a mantener relaciones sexuales con treinta hombres al día. Karla fue violada 43.200 veces. Era una niña que sufría maltrato en su entorno familiar, sus padres la pegaban constantemente y sufría abusos sexuales por parte de uno de sus parientes. Durante su cautiverio, Karla empezaba el día a las diez de la mañana y acababa a medianoche. Declaró: *"Algunos hombres se reían de mi porque lloraba. Tenía que cerrar los ojos para no ver lo que sucedía. Llegó un momento en el que no sentía nada. Las violaciones empezaron a ser constantes y a los quince años, tuve una hija. Me golpeaban con una cadena, con los puños, me pateaban, me tiraban del pelo, me escupían en la cara".*

**Megan Stephen**, una mujer británica de 28 años, ha publicado una novela titulada *"Bought & Sold"* (Comprada y Vendida), en la que cuenta cómo a la edad de catorce años se convirtió en una esclava sexual y llegó a ser violada por 110 hombres en 22 horas.

Todo comenzó cuando Megan estaba de vacaciones con su madre en Grecia. Decidió quedarse con la excusa de que tenía novio y un trabajo que le permitía ganar dinero para poder ayudar a su madre con las medicinas que necesitaba para combatir el cáncer contra el que estaba luchando. Su madre accedió y regresó sin ella al Reino Unido. Su novio la vendió como esclava sexual y estuvo por Italia y Albania, obligada a mantener relaciones con 50 hombres al día.

**Niamh Ní Dhomhnaill**, una joven de Dublín, fue violada por su novio Magnus Meyer Hustveit durante más de un año mientras ella dormía. Niamh cuenta que un día se despertó sin los pantalones del pijama y mojada con algo que parecía semen. Su pareja reconoció más tarde que abusaba de ella tres o cuatro noches a la semana.

**Karen Billingsley** contó al diario británico *"Mirror"* cómo fue violada por su tío mientras éste la leía historias en la cama, antes de dormirse, estando sus padres en casa. Karen tenía seis años cuando su tío, Lain Langdale, abusó sexualmente de ella por primera vez. Tres años después, a la edad de nueve años, su tío la violó. Entre 1989 y 1999 trató de suicidarse por sobredosis de pastillas que la llevaron a estar en coma durante seis días. A los quince años de edad decidió irse lo más lejos posible de las garras de su tío. Karen dijo: *"Yo no sabía lo que me estaba pasando, no me gustaba, y cuando me di cuenta traté de detenerlo, pero era muy difícil porque él era parte de la familia"*.

Los abusos y violaciones dentro del círculo familiar son bastante comunes. Una de las mujeres famosas que sufrió abusos y forzada sexualmente, fue la cantante del grupo de música *"The Cranberries"*, **Dolores O'Riordan**.

Su trágico adiós a los cuarenta y seis años se gestó cuando tenía sólo ocho años, edad a la que empezó a sufrir abusos sexuales. Dolores O'Riordan vivía en Limerick, la tercera ciudad más poblada de Irlanda tras Dublín y Cork. Un vecino muy amigo de su familia abusó de ella durante cuatro años, desde los ocho hasta los doce, hechos que plasmó en la canción *"Fee Fi Fo"* del álbum *"Bury The Hatchet"*. Dijo: *"Era una época horrible, parecido a la película "La escalera de Jacob". Creía que la gente me estaba mirando todo el tiempo. Me volví loca durante un largo periodo. No quería salir de mi habitación, veía caras que me miraban fijamente"*.

La letra de esta canción expresa con gran realismo lo que siente una niña, inocente y pura, al verse cara a cara con el rostro más repulsivo, abominable, despreciable y sucio que un adulto puede acometer contra una niña. Ya de adulta, Dolores O'Riordan escribió la letra de este tema que reza:

Fee fi fo

Ella huele su cuerpo

Y eso enferma su mente

Él tiene mucho por lo que rendir cuentas

Por arruinar la mente de una niña

¿Cómo eras capaz de tocar algo tan inocente y puro? Oscuro

¿Cómo eras capaz de obtener satisfacción del cuerpo de una niña?

Eres vil, un enfermo!!

La letra refleja la realidad que viven miles de niños y niñas en todo el mundo, donde los adultos anulan la felicidad e inocencia de una niña, creando mentes rotas, fracturadas, crónicas, que inoculan en su mente el dolor, culpabilidad y vergüenza a cambio de eyacular un segundo.

Estos hechos la marcaron de por vida. Ella se vestía y peinaba como un chico, sin utilizar maquillaje, pelo corto, para no ir insinuando, llamando la atención y pasar lo más desapercibida posible. Creció con pensamientos y comportamientos autodestructivos que desembocaron en anorexia, depresión, trastorno bipolar y el suicidio a la temprana de edad de cuarenta y seis años.

Un matrimonio llamado Rob y Marie Johnson eran parientes de una niña de trece años y tuvieron que hacerse cargo de ella cuando su madre murió y quedó huérfana. Abusaron de ella sexualmente durante cinco años justificando sus actos con pasajes del Antiguo Testamento. La obligaron a mantener relaciones sexuales como ritual para entrar a formar parte de la familia. Si no obedecía, Marie Johnson la apaleaba o la amenazaba con abandonarla y dejarla a cargo del Estado. Durante esos cinco años de violencia física, psicológica y sexual, la niña no salió de la propiedad y no se le permitía hablar por teléfono. A la edad de veintiún años consiguió escapar gracias a un billete de avión que la compró su abuela que vivía en Ohio. Rob y Marie Johnson fueron acusados por delitos de abusos sexuales, quedando en libertad bajo fianza de 60.000 dólares.

Arley Johanna Carvajal era la madre de un niño de dos años que dejaba que su padrastro abusara sexualmente. El violador se llama Luis Eduardo Pinta Santamaría. El bebé tuvo que ser ingresado para curarse de las heridas en el Hospital San Ignacio de Bogotá.

Según un artículo publicado en el diario el *"Daily Mail"*, una pareja mexicana ha sido arrestada y acusada de obligar a su propia hija de doce años a tener relaciones sexuales con un desconocido mientras la madre filmaba las violaciones. Lorena Isela Cortinas y Ricardo Navarro Allende, de Ciudad Juárez (México), obligaron a su hija a mantener relaciones sexuales con otros hombres para grabarlo en vídeo mientras la violaban y vender las imágenes a pedófilos. Los padres se defendieron de las acusaciones alegando que un hombre les había prometido una casa y un coche nuevo por ello.

Una de las historias más conocidas fue la de Josef Fritzl, apodado *"El monstruo de Amstetten"*. Todo empezó el 19 de abril de 2008 cuando una chica llamada Kerstin ingresó en el hospital debido a una enfermedad que amenazaba su vida. Allí, el personal médico descubrió una nota que llevaba la niña donde pedía ayuda y auxilio. Esta nota desencadenó en uno de los descubrimientos mediáticos más impactantes. Josef Fritzl secuestró a su propia hija, **Elisabeth Fritzl**, y la ocultó en un sótano durante veinticuatro años (desde 1984 hasta 2008). Durante todo ese tiempo violó a su hija cientos de veces. El resultado fueron siete hijos/nietos que tuvo con ella. Cuando fue detenido, el padre declaró *"haber nacido para la violación"*.

Su padre la encerró en un zulo que tardó en construir seis años: 30m² con cocina, baño y dormitorio. Durante el primer año la mantuvo atada con una cuerda. De las constantes y reiteradas violaciones, nacieron Kerstin, Stefan, Lisa, Monika, Alexander, Michael (mellizo de Alexander, fallecido al tercer día de nacer y quemado por Josef en la caldera) y Félix.

El padre fue encerrado en una cárcel para enfermos mentales a las afueras de Viena, pasando a ser el prisionero número 4546765. Fue condenado a cadena perpetua por violación, incesto, esclavitud... Reconoció los hechos, pero no se arrepintió de nada.

Donald Trump, presidente de Estados Unidos, estuvo en el ojo del huracán por acoso y abuso sexual. La mujer que se coronó Miss Carolina del Norte en 2006, **Samantha Holvey**, acusó a Trump de "inspeccionar" a mujeres que participaban en el concurso de belleza: *"Se paseaba como si fuéramos de su propiedad"*, declaró. Al menos quince mujeres le acusaron de acoso sexual y agresión, así como de comportamiento lascivo.

Un total de trece mujeres han denunciado públicamente a Trump por acoso, abuso sexual o violación: **Summer Zervos, Kristin Anderson, Cassandra Searles, Jessica Leeds, Ivana Trump** (su 1ª esposa), **Lisa Boyne, Jill Harth, Mindy McGillivray, Temple Taggart, Tasha Dixon, Rachel Crooks, Natasha Stoynoff** y **Cathy Heller**.

El acoso sexual está en todas partes, cada pueblo, ciudad, país, continente. Está tan extendido que es parte de la vida cotidiana y se utiliza y usa para restringir la libertad de la mujer. No importa que pasees por Jartum, Los Ángeles, Medellín, Tokyo, Bangladesh, Managua, Chicago, Barcelona, Kabul, Milán, San Petersburgo o Melbourne. El peligro acecha a la mujer en cualquier ciudad por el simple hecho de serlo.

En el diario *"El País"*, salió un artículo escrito por Víctor Lapuente que se titulaba *"Por qué violan los hombres"*. En él se podía leer:

*"En parte, por la testosterona, que dificulta nuestro autocontrol. Aun así, con la misma biología, los hombres cometemos hoy menos crímenes que en el pasado. Con una siniestra excepción. Seguimos agrediendo a las mujeres. Y las razones hay que buscarlas en un aspecto poco conocido de la naturaleza masculina: nuestra sensibilidad. Por ejemplo, el éxito profesional o social de nuestras parejas afecta negativamente a nuestra autoestima. En contraste, la confianza de las mujeres no se ve minada por nuestros logros. Los hombres somos el sexo sensible. Ellas, el resistente. Los hombres somos más impresionables por el entorno. Y dos cambios sociales han contribuido a que nos mostremos particularmente agresivos con las mujeres:*

*El primero es intuitivo. La revolución tecnológica ha dejado en la cuneta de la economía a millones de hombres con estudios bajos. La incertidumbre sin precedentes que sufren les lleva a adoptar comportamientos adictivos, erráticos y potencialmente violentos.*

*El segundo es contraintuitivo. La revolución feminista ha llenado de mujeres las aulas y los lugares de trabajo. En pocas décadas, hemos pasado de un monopolio masculino del espacio público a la paridad, o incluso superioridad femenina, en algunos ámbitos. Y, como advierten los antropólogos, los ratios entre hombres y mujeres determinan las actitudes sexuales de los primeros. Ya sea en la selva amazónica o en las universidades americanas, si los hombres son mayoría, invierten esfuerzos en construir relaciones saludables con las mujeres. Si son minoría, prefieren el sexo esporádico y se vuelven más violentos.*

*Pero no estamos condenados a una mayor violencia masculina. Educar en la igualdad de género ayudaría a los hombres a liberarnos de dos estresores que alimentan nuestra violencia: los corsés emocionales y la competitividad extrema. Así, seríamos menos violentos. Y viviríamos más, como apunta el psicólogo Daniel Kruger, pues la desigualdad de género de un país predice el exceso de muertes masculinas por causas conductuales. El patriarcado es también terrible para la salud de los hombres".*

El artículo de Víctor Lapuente pretendía ser una exposición más con bases científicas y psicológicas que de opinión personal, pero no puede haber una explicación para que los hombres violen, ni hormonal ni intrínseco ni extrínseco. Son millones los hombres que, aún siendo rechazados, aún teniendo altos niveles de testosterona, trabajan rodeados de mujeres, teniéndolas como superiores dentro del organigrama empresarial y donde la superioridad numérica están a su favor, y no por ello acosan y abusan sexualmente, ni siquiera se lo plantean, y mucho menos han llegado a violar a alguna.

Como seres racionales que somos, es nuestra obligación reprimir ciertas conductas e impulsos naturales si se tuvieran. La violación es la causa extrema del abuso y acoso sexual.

El machismo se banaliza en la sociedad y se reduce a categoría de anécdota. Si no hacemos una reflexión profunda y reconocemos el verdadero alcance del problema, las medidas que los políticos tomen serán estériles y nada cambiará.

La historia debe enseñarnos a cambiar el futuro, y éste ha llegado para un cambio radical en la lucha de las mujeres contra las continuas agresiones que sufren diariamente. Las mujeres han estado siempre en un segundo plano, y aquellas que han intentado destacar o cambiar algo en la sociedad han sido silenciadas y vilipendiadas. La historia nos muestra una sucesión constante y continuada de logros de los varones. Las mujeres apenas existen. Ausentes en decisiones trascendentales, en la cultura, ciencia, enseñanza... Eran meras portadoras de nuestro ADN, incubadoras para nuestra descendencia.

Desde el comienzo de los tiempos, la mujer ha estado supeditada a los deseos de los hombres, han tenido que soportar los abusos, acoso y violaciones en cada época, cada siglo, cada milenio.

***Las mujeres han sido el mayor grupo de oprimidas del mundo.***

El abuso y las violaciones a las mujeres ya aparecen en los tiempos de los dioses. Zeus, el dios más grande e importante de la mitología griega, se transformó en un cisne para seducir a Lea y la violó dando origen a hijos que mezclaban lo humano y animal.

En las primeras civilizaciones como Egipto y Mesopotamia, los mayores derechos que podía tener una mujer era que tuvieran cierta libertad de movimiento y poder participar de la vida pública de las ciudades. La sociedad egipcia era machista. En tres mil años, las condiciones de la mujeres apenas sufrieron algún cambio significativo en el antiguo Egipto. Acceder a un puesto de importancia y relevancia era imposible para ellas. Únicamente la mujer del faraón era el puesto político y administrativo más alto que existía para una mujer.

Las mujeres apenas eran ilustradas por los hombres. No importaba la posición social ya que ni siquiera en las familias más adineradas se instruía a las niñas, siendo todas analfabetas. Sólo hubo contadas excepciones como las reinas Nefertiti, Neferusobek, Tausert y Hatshepsut.

La mujer en Mesopotamia estaba sometida a la autoridad del hombre, de su padre o de su marido. Pertenecía al marido en el aspecto sexual y era considerada una propiedad. El matrimonio de la niña lo acordaban el padre y sus hermanos, no era una elección suya. En el contrato matrimonial había dos conceptos muy importantes: la dote y el precio de la novia.

La dote era la cantidad que el padre de la novia otorgaba a su hija para el mantenimiento de su nuevo hogar. El precio de la novia era una cantidad acordada que la familia del novio tenía que pagar para que su hijo se pudiera casar con la mujer.

Si la mujer no tenía hijos, se devolvía la dote más una indemnización a la familia del novio por no haber conseguido que su hija les diera descendencia.

Para los babilonios, el adulterio consistía en que una mujer casada mantuviese relaciones con otro hombre diferente de su marido. Si un hombre descubría a su esposa en una relación extramatrimonial, tenía derecho a atarlos juntos y arrojarlos al río para que se ahogaran.

También podía decidir si salvar a la mujer, caso que no se solía dar porque significaba que debía dejar en libertad al amante.

El papel y rol de la mujer en la antigua Grecia tampoco distaba mucho en privilegios en cuanto a Mesopotamia y Egipto. Para Aristóteles, la mujer no era más que un hombre incompleto y débil, un defecto de la naturaleza. Carecían de autoridad. La mujer es un ser sin terminar al que hay que cuidar, proteger y guiar, y debe estar sometida al varón y alejada de la vida pública. Esto era lo que pensaba de las mujeres uno de los más importantes pensadores y filósofos de la historia.

Las chicas se casaban a la edad de catorce años con hombres mucho mayores que ellas. También existía la dote. Ella pasaba a ser propiedad del marido. Una vez casada, el marido la recluía en casa y la excluía de la vida social. No recibía ningún tipo de educación. Tampoco salían del recinto del hogar ya que las labores de hacer la compra lo realizaban las esclavas. Su única función y para lo que servían era para hilar y tejer, cuidar a los hijos y mantener relaciones sexuales cuando el marido lo requería. El papel de la mujer era tan ínfimo, que las mujeres más libres en esta sociedad eran las prostitutas.

Las mujeres no tenían voz ni voto en ningún estamento de la sociedad ni del entorno familiar. No elegían a sus maridos, no eran libres y no podían opinar de política. Eran meros objetos al servicio y disponibilidad de los hombres. En la mitología griega, el papel de la mujer era el de una figura divina que representaba el dolor y el mal, como lo muestra el mito de Pandora.

Pandora fue la primera mujer y de ella surgieron todos los males que acechan al ser humano. Este es el papel de la mujer, una creación de Dios que sólo trae penurias y destrucción al hombre. La palabra *"pecado"* proviene del griego *"hamartia"* (que significa "errar en el blanco"). No existe ningún término para esta palabra que signifique *"culpa"* o todas las demás acepciones que la iglesia hace de ella. Es decir, *"pecar"* era fallar el tiro en la diana, por lo que la próxima vez, deberías intentar acercarte más a tu objetivo. En cambio, la Biblia defiende el pecado como el alejamiento del hombre de la voluntad de Dios.

En la época romana las mujeres seguían vetadas. Su condición social seguía siendo muy parecida al de las griegas, catalogadas como un ser inferior al que había que utilizar y vigilar. Las niñas no deseadas eran abandonadas al nacer y, o bien morían o bien eran condenadas a la esclavitud. Se casaban más jóvenes que las griegas, a los doce años. A diferencia de las féminas griegas, una mujer romana sí podía salir a la calle a hacer la compra y podía asistir a determinados espectáculos y fiestas, pero tampoco tenían voz ni voto en ningún asunto importante o relevante.

La pérdida de derechos civiles por parte de la mujer vino marcada por la expansión del derecho romano en Europa, que negaba la categoría de personas a mujeres y niños, y por el papel que el triunfo de la sociedad burguesa asignaría a la mujer.

En la época de Jesucristo y en la Biblia, el papel de la mujer no es para nada mucho mejor. El mito de Pandora sirvió a la Iglesia para confirmar la doctrina del pecado original y asociaron la historia a Eva para demostrar que el primer ser femenino fue portador de todo el mal y la desgracia. El objetivo era culpabilizar a la mujer de todo el mal que nos rodea y librar de toda culpa a los hombres. Si Pandora no debía abrir la caja, Eva tenía prohibido comer del árbol sagrado. Ambas no se resistieron a la tentación y condenaron al hombre de por vida.

La mujer fue creada según la Biblia después que los animales.

Génesis 2:15-23

18.- Y dijo Jehová Dios: No es bueno que el hombre esté solo; le haré ayuda idónea para él.

19.- Jehová Dios formó, pues, de la tierra toda bestia del campo, y toda ave de los cielos, y las trajo a Adán para que viese cómo las había de llamar; y todo lo que Adán llamó a los animales vivientes, ese es su nombre.

20.- Y puso Adán nombre a toda bestia y ave de los cielos y a todo ganado del campo; mas para Adán no se halló ayuda idónea para él.

21.- Entonces Jehová Dios hizo caer sueño profundo sobre Adán, y mientras éste dormía, tomó una de sus costillas, y cerró la carne en su lugar.

22.- Y de la costilla que Jehová Dios tomó del hombre, hizo una mujer, y la trajo al hombre.

En el Génesis 3:16 se dice:

***Multiplicaré en gran manera los dolores en tus preñeces; con dolor darás a luz los hijos; y tu deseo será para tu marido.***

La mujer fue una creación de dios única y exclusivamente para que el hombre no estuviera solo, pero no era relevante ni importante. La mujer apenas aparece en La Biblia y cuando lo hace, su papel es secundario. **María** (madre de Jesús) pronuncia 191 palabras; **María Magdalena**, 61 palabras; **Sara** (mujer de Abraham) 141 palabras y **Eva** (compañera de Adán) 74 palabras. La Biblia contiene alrededor de 1,1 millones de palabras en total. Entre las cuatro mujeres más importantes de la Biblia, únicamente dicen 467 palabras. Entre todas las mujeres que aparecen en la Biblia hablan un total de 14.056 palabras, esto significa el 1% de todo el libro.

En la época del nacimiento de Jesús, que una mujer estuviera embarazada y diera a luz un bebé sin estar casada era juzgado muy duramente. Aún perduran leyes en Palestina donde se castiga y se pena este tipo de actos y eso que han pasado XXI siglos desde entonces. En tiempos de María, los asesinatos por honor (de las familias) estaban amparados por ley y prescribía la muerte por lapidación. Y María (madre de Jesús) no estaba casada, por lo que la habrían acusado de deshonrar a su familia. Esta fue seguramente la causa principal que llevó a José y María a dirigirse a un lugar seguro dentro de un ámbito de conocidos a quienes les confiaban su destino y el de su bebé.

Herodes el Grande estuvo en el cargo gracias a que los romanos se lo otorgaron. Estaba casado con una princesa asmonea (de la Dinastía de los Asmoneos, los sucesores de los Macabeos). María Magdalena era también una princesa asmonea. Es decir, tanto Jesús como María de Magdala pertenecían a descendencias de familias reales judías, por lo que bien podrían haber ocupado el trono de Herodes el Grande. Según la historia, este hecho hizo que Herodes persiguiera y buscara la familia de la cual nacería un hijo que le destronaría del trono de David, por lo que tuvieron que emigrar a Egipto y así escapar de dicha persecución. María Magdalena era la esposa de Jesús y no una prostituta, provenía de sangre real.

Existe un tercer personaje femenino llamada **Lilith**, una figura del folclore judío que fue la primera esposa de Adán (anterior a Eva). Lilith aparece en los libros de la tradición judía (Talmud, Cábala y Zohar). Se cuenta que ambos nunca fueron felices juntos y cuando Adán quería acostarse con ella, Lilith se negaba y finalmente le abandonó. Adán pidió ayuda al Creador, quien envío a tres ángeles con la misión de traer de vuelta a Lilith. Los ángeles la encontraron en el Mar Rojo, región donde habitaban demonios lascivos y cayó bajo el influjo de la lujuria. Esto propició que Lilith engendrara monstruos y demonios. Los ángeles no consiguieron convencerla para que volviera con Adán, así que Yahveh la castigó haciendo que los demonios que engendraba murieran en cuento nacieran.

La mujer era un lastre para el hombre, pecaminosa, desobediente, demoníaca y la imagen del mal. Era un ser creado por dios exclusivamente para dar placer sexual al hombre y obedecerle.

En 1945 unos aldeanos buscando nitratos naturales, estaban excavando en Nag Hammadi (a 11 km de Luxor). Allí encontraron una vasija que contenía 13 cuadernos escritos en copto donde se trataban temas cosmológicos, filosóficos, teológicos, antropológicos y evangélicos. Esos escritos que hacen referencia a la época de Jesús son realmente importantes ya que cuentan mucho sobre sus actos, su vida diaria y de quienes le seguían.

Entre ellos, se encontraba el Evangelio de Tomás, Felipe, María, etc... donde se informa que a Jesús, además de los doce apóstoles, le seguían siete mujeres. Sus conversaciones con sus seguidores, sus enseñanzas que no siempre estaban de acuerdo con la iglesia... Se narra cómo María nació de unos padres ya mayores y cuando cumplió la edad de tres años, sus padres (Joaquín y Ana) la llevaron al templo para consagrarla con Dios.

Cuando cumplió los doce años, los clérigos del templo empezaron a pensar a quién la darían en matrimonio, así que convocaron a los viudos del pueblo. Empezaron todos a rezar y al finalizar la oración, en torno a la vara de José, volaba una paloma para después posarse sobre su cabeza. Esto se consideró una señal inequívoca y le eligieron como esposo de María. José rehusó este ofrecimiento pues era mucho mayor que María y tenía ya ocho vástagos (seis hijos y dos hijas).

Estos escritos no considerados canónicos revelan que José se entristeció bastante con la noticia del embarazo de María. En ese instante quiso repudiarla, pero un supuesto ángel que se le apareció en sueños le disuadió de cumplir ese pensamiento, ya que el ser que llevaba en su interior era fruto del Espíritu Santo. José estaba convencido que María tuvo una relación adúltera con un soldado romano llamado Ben Panthera. Se dice que Jesús mantenía una relación muy buena con los otros hijos de José.

Algunas de la mujeres que acompañaban a Jesús fueron María Magdalena, María, **Salomé**, **Susana**, la madre de los hijos de Zebedeo, **Juana** y **Marta**. Jesús trataba a las mujeres de la misma forma que trataba a los hombres, sin hacer distinciones, algo nada común en esos tiempos. En el *"Pistis Sophia"* (texto gnóstico del siglo II) se habla de la aversión que sentía Pedro hacia María, y se puede leer un texto donde María dijo: *"Tengo miedo de Pedro, pues me amenaza, y odia a nuestra raza"*. Y en el Evangelio de Felipe se puede leer que Pedro dijo: *"Que María salga de entre nosotros, porque las mujeres no son dignas de la vida"*.

En la época de Jesús estaba prohibido a todo rabino ser célibe (persona que no ha contraído matrimonio), así que Jesús debía estar casado obligatoriamente. Los evangelios apócrifos (libros que la Iglesia no reconoció como parte de las Sagradas Escrituras) de Felipe, María y Tomás, hablan de una esposa de Jesús a la que llaman María o Salomé. La naturaleza sexual de su relación queda explícita en muchos de los textos gnósticos que la Iglesia no permitió fuesen incluidos en el Nuevo Testamento. Así que, se podría afirmar que Jesús sí estaba casado y esta mujer era María Magdalena.

En el Talmud hay pasajes donde a Jesús se le denomina *"hijo de Pantera"*, en referencia al soldado que supuestamente mantuvo relaciones sexuales con María, cuyo resultado fue el nacimiento de Jesús. En griego, la palabra *"parthenos"* significa virgen, doncella.

Mahoma, profeta y fundador del islam, tuvo una esposa llamada **Aisha**, hija del futuro primer califa Abu Bakr as-Siddiq, Mahoma se casó cuando ella tenía seis años y mantuvo su primera relación sexual con ella cuando ésta cumplió nueve. Las niñas y mujeres, desde los primeros tiempos, sin importar el país, el imperio, religión, raza o estatus, eran simples objetos de placer de los hombres.

Las figuras de los hombres siempre se han engrandecido en los libros, textos e historias de generación tras generación. En cambio, las mujeres siempre han estado silenciadas y si alguna destacó, se ocultaba o se tergiversaba la historia para hacer de ella un icono de la indecencia, lujuria y el mal.

Pero si hubo una época en España dura para ser mujer, ésta fue la Inquisición, institución fundada en 1478 por los Reyes Católicos e instituida por el Papa Sixto IV. Esta institución se creó con el fin de erradicar los grupos disidentes que el tribunal eclesiástico creía peligrosos, para moralizar la conducta de la mujer, velar por la pureza de los principios religiosos e impedir la propagación del protestantismo y de las ideas materialistas. Era el fanatismo religioso en grado extremo y una mentalidad represiva sin precedentes. Su máximo exponente era Tomás de Torquemada, encargado supremo de perseguir y condenar a todas aquellas personas que pensaban y actuaban en contra de la Iglesia.

Si ha existido un Estado patriarcal durante toda la historia en todos los ámbitos de la sociedad, la Iglesia y la religión ocupan el primer lugar. Para conseguir la confesión de los blasfemos y pecadores, la Santa Inquisición creó una extensa maquinaria de tortura para hacer hablar a mujeres, consideradas brujas y herejes que habían vendido su alma al diablo, blasfemos y homosexuales. Uno de esos aparatos era la "pera vaginal" que se introducía en la vagina de la pecadora culpable de mantener relaciones sexuales con Satanás o algún familiar. Si el pecador era un homosexual pasivo, se le introducía por el ano. Una vez en el interior, la pera se abría mediante un tornillo, expandiéndose al máximo mientras se iba girando. Las consecuencias eran la mutilación instantánea y en la mayoría de los casos la muerte. La pera tenía unas púas afiladas que desgarraban la pared vaginal provocando que la mujer se desangrara irremediablemente, además de sufrir un dolor extremo.

Según cifras del Vaticano, estas son las muertes en la hoguera a mujeres en diferentes países inquisitoriales:

Italia: 1000 mujeres

Francia: 4000 mujeres

Alemania: 25.000 mujeres

Curiosamente, en el país inquisidor más duro como fue España, se dice que solamente acabaron en la hoguera 59 mujeres de 125.000 procesos y acusaciones. Esto significa que de 50.000 mujeres que acabaron en la hoguera en toda Europa, sólo el 0,11% sucedió en España. Con la dureza y poca laxidad que la Santa Inquisición tenía, estos datos son cuanto menos muy discutibles y dudosos. No terminar en la hoguera no significa que no fueran asesinadas, ya que miles de mujeres fueron torturadas y acusadas de brujería.

El filólogo español Antonio Puigblanch escribió sobre el abuso y la dureza real de la Inquisición contra las mujeres. Puigblanch habló del horror y crueldad estimando que las mujeres llevadas a la hoguera llegaron a 30.000. La diferencia entre 59 y 30.000 es evidente.

Johannes Gutenberg inventó la imprenta en 1449. El primer libro impreso fue *"Misal de Constanza"* y el segundo *"La Biblia"*. Uno de los primeros libros impresos en España tras la Biblia, fue *"Fortalitium*

*Fidei"*, escrito por el inquisidor español Alfonso de Espina. Está dividida en cinco libros:

1. contra los que niegan la divinidad de Cristo
2. contra los herejes
3. contra los judíos
4. contra los mahometanos
5. contra las puertas del infierno

Otro libro inmediato impreso fue *"Malleus Maleficarum"* (Martillo de Brujas), que se trata probablemente del tratado más importante que se haya publicado en el contexto de la persecución de brujas (mujeres). Poco después que Gutenberg inventara la imprenta moderna, los primeros libros que se imprimieron en España fueron la Biblia y dos obras donde se persigue y se justifica el castigo a las mujeres. Fue en esta época cuando se acuñó el término *"demonio de mujer"* para apartarla del sistema social establecido por la clase dominante y el clero.

Pero realmente, ¿a quién acusaban de brujería? Eran las mujeres que pactaban con el diablo, que hacían maleficios, que tenían malas intenciones y quienes se reunían para propósitos que la iglesia consideraba pecaminosos y en contra de la fe y los escritos sagrados que despreciaban el poder de dios. Cuando una mujer era capturada y arrestada por la Santa Inquisición, empezaba un calvario que muy probablemente terminaría con su vida, o en el mejor de los casos, sobreviviera con secuelas severas.

Las interrogaban, las clavaban agujas en el cuello, la garganta y en la vagina. Se buscaban marcas en el cuerpo para demostrar que eras seguidoras del diablo. El objetivo de estas prácticas era encontrar el *"Pactum Diabolicum"*, la marca sexual del diablo. ya que el peor de los pecados posibles era la sexualidad.

Estos libros eran totalmente misóginos. La Inquisición, y por ende la Iglesia, también lo eran y lo siguen siendo en muchos aspectos actualmente. Eva, Lilith y Pandora son mujeres que traen el mal, el deseo sexual, el pecado. Los hombres parece ser que no sufren la tentación del diablo y del mal. Los hombres son las únicas víctimas. Las mujeres nunca lo son. Si el hombre yerra y comete algún acto impuro es por la maldad de la mujer que con sus encantos diabólicos engaña al hombre y lo desvía del camino correcto y puro.

Algo muy parecido les pasó a las *"beguinas"*, mujeres cristianas que en el siglo XII, en Flandes y en los Países Bajos, decidieron agruparse para vivir juntas su deseo de entrega a dios y a los más necesitados, pero haciéndolo al margen de la Iglesia católica, a la que rechazaban por ser una institución corrupta y por no reconocer los derechos de las mujeres. Esta forma de vida y concepto de la mujer se extendió rápidamente por el sur de Europa hasta España, y muchas mujeres empezaron a crear sus propios beguinajes. Esto no gustó a la Iglesia y empezaron a ser perseguidas por toda Europa. Al igual que en la Inquisición, eran arrestadas por herejía y ser condenadas a la hoguera. Estas mujeres eran realmente libres en una época como la Edad Media ya que no dependían del control del hombre. La Iglesia no podía permitir que cada vez más mujeres se hicieran beguinas, sin estar sometidas a dios ni al hombre. El 14 de abril de 2013, murió la última beguina en Kortrijk (Bélgica). La hermana **Marcella Pattyn**, a los 92 años.

Durante siglos la situación de la mujer no cambió. Tenía más libertad en algunos ámbitos de la sociedad pero poco más. Algo empezó a cambiar en 1792 cuando **Mary Wollstonecraft** escribió *"Vindicación de los derechos de la mujer"*. Hace un alegato y defensa de los derechos de las mujeres contra su anulación social y jurídica argumentando que las mujeres no son por naturaleza inferiores al hombre, sino que parecen serlo porque no reciben la misma educación, y que ambos géneros deberían ser tratados como seres racionales, e interpela al uso de la razón. Con esta obra, estableció las bases del feminismo moderno y la convirtió en una de las mujeres más populares de Europa de la época. Se puede considerar esta obra como el comienzo del movimiento feminista contemporáneo donde se defiende el derecho al trabajo igualitario, a la educación de las mujeres y a su participación en la vida pública, totalmente vetada desde el comienzo de los tiempos.

Los movimientos feministas en el siglo XIX se centraron sobre todo en conseguir el sufragio para las mujeres y poder votar. Logro que se alcanzó en el año 1920 cuando se consiguió el derecho al voto en Estados Unidos. En España no se consiguió hasta 1931 en la Constitución de ese año en la II República. Este hito fue gracias a dos mujeres que lucharon mucho para conseguirlo, las abogadas **Victoria Kent** y **Clara Campoamor**.

***«Los ciudadanos de uno y otro sexo, mayores de veintitrés años, tendrán los mismos derechos electorales conforme determinen las leyes».* Artículo 36, Constitución de la II República Española, 1931.**

En el siglo XX, una de las feministas más reconocidas que luchó por los derechos de las mujeres fue **Emilia Pardo Bázan**. Fue la primera corresponsal femenina en el extranjero. Dijo: *"Para el español, la mujer es el eje inmóvil del planeta. Sólo para el hogar ha nacido la mujer".* Pardo Bazán fue un referente y la semilla y origen que abriría muchas puertas a las mujeres. Los libros los escribían los hombres desde el principio de la escritura. Todas las obras y clásicos que uno desee leer, lo leerá de puño y letra de un hombre o se le atribuirá a ellos el texto.

La primera novela de la historia fue escrita por una mujer en Japón en el siglo XI. La obra, *"La historia de Genji"*, narra la vida y amoríos del príncipe Genji en la corte de Kioto durante el siglo X. Su autora se llamaba **Murasaki Shikibu**, una joven noble nacida en el 978. La obra se compone de 54 capítulos que reflejan las costumbres en Japón.

Una de las pinacotecas más importantes del mundo es el Museo del Prado, que tiene expuestas casi 8000 pinturas, sólo nueve de ellas son obras de mujeres. Algunas de ellas son:

- *Isabel de Valois sosteniendo un retrato de Felipe II* (1561-1565), *Felipe II* (1573) y *Retrato de la Reina Ana de Austria* (1573), de **Sofonisba Anguissola.**

- *Nacimiento de San Juan Bautista* (1635), de **Artemisia Gentileschi.**

- *Bodegón con gavilán, aves, porcelana y conchas* (1611), *y Bodegón con flores, copa de plata dorada, frutos secos, dulces, panecillos, vino y jarra de peltre* (1611), de **Clara Peeters.**

- El Cid (1879) de **Rosa Bonheur**, abiertamente lesbiana en el siglo XIX y la primera mujer artista en ser condecorada con la Legión de Honor en 1865, siendo ascendida a Oficial de esta Orden en 1894.

Clara Peeters es la única artista mujer a la que el Museo del Prado ha dedicado una exposición individual en sus doscientos años de historia. Esto sucedió en el año 2016. La mujeres pintoras tenían prohibido el dibujo anatómico, que implicaba el estudio a partir del natural de cuerpos masculinos desnudos. Por este motivo, las mujeres que conseguían pintar en un mundo de hombres, se dedicaban esencialmente a pintar paisajes, bodegones y animales.

El arte ha sido siempre androcéntrico. Las mujeres no aparecen en los libros de arte, no porque no existieran artistas femeninas y obras de excelente calidad sino porque eran silenciadas. Renoir llegó a decir que la idea de una mujer que fuera artista era sencillamente ridícula. La primera pintora de la historia se llamaba **Ende**, quien consiguió firmar sus propias obras. En el *"Beato de Gerona"* se puede leer: *"ende pintrix et d(e)i aiutrix fr(a)ter emeterius et pr(e)s(bite)r"*, cuya traducción sería: *"Ende, pintora y ayudante de Dios; Emeterio, hermano y sacerdote"*.

La pintura en el arte ha representado siempre escenas machistas y sexistas expuestas al gran público en museos, galerías y exposiciones. **Anne Laura Herford**, artista británica nacida en 1831, se dedicó a la pintura en una sociedad y época totalmente vedada para las mujeres. Quiso entrar en la *"Royal Academy of London"*, así que decidió hacerse pasar por un hombre y firmar como L. Herford ("L" de Lawrence). Cuando la academia londinense descubrió que era una mujer, ya no pudo expulsarla. Fue una de las impulsoras para que la mujer se fuera introduciendo poco a poco en instituciones donde no eran admitidas o se encontraban con muchas trabas. No se puede obviar que, de las personas que visitan museos de arte, más de la mitad son mujeres y en las Escuelas de Bellas Artes el 72% son mujeres y 3 de cada 5 licenciadas también.

Cuando visitamos una pinacoteca, vemos cuadros pero no observamos. No nos planteamos preguntas. No nos cuestionamos lo que estamos viendo. No nos ruboriza y avergüenza lo que se está exponiendo. El acoso sexual era tan evidente en las obras pictóricas, que la pintora barroca Artemisia Gentileschi lo quiso plasmar y denunciar en sus obras. Artemisia nació en Roma en el año 1593 y a la edad de diecisiete años pintó su primera obra *"Susana y los viejos"* donde denuncia el acoso sexual.

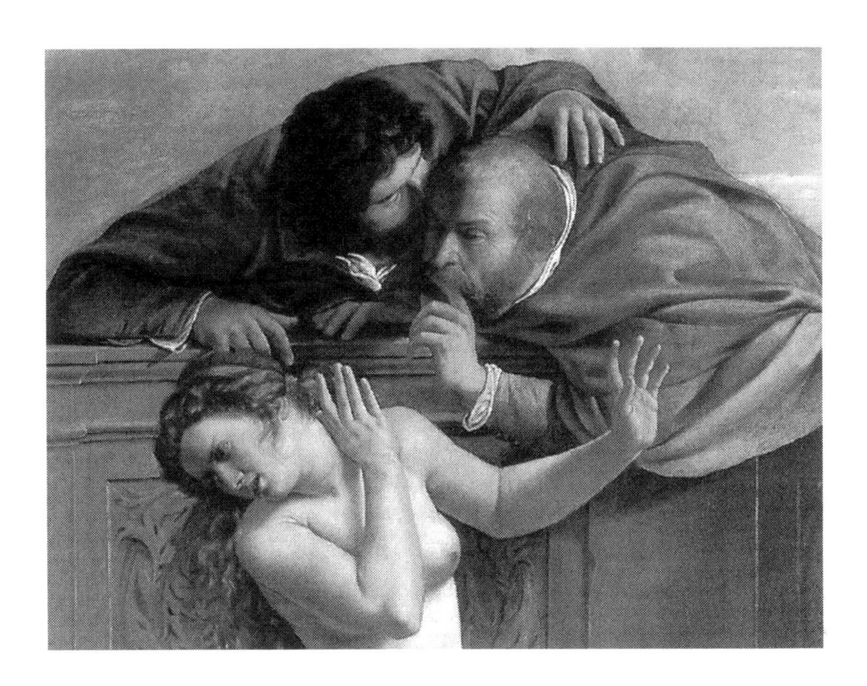

Susana y los viejos hace referencia a uno de los capítulos bíblicos (capítulo 13 del Libro de Daniel) donde se narra la historia de la hermosa Susana, mujer de un rico comerciante judío llamado Joaquín. Frecuentemente, a su casa iban dos amigos del marido que ostentaban cargos muy importantes en la sociedad. Los dos viejos estaba prendados de la belleza de Susana y ambos querían poseerla, pero ninguno se lo dijo al otro. Un día, cuando se despidieron al salir de la casa de Susana, volvieron y se encontraron. Sorprendidos, se sinceraron y se contaron que querían conquistar a la chica, así que unieron esfuerzos para que, juntos, pudieran satisfacer sus impulsos carnales con la joven.

Un día, Susana fue a bañarse mientras los dos viejos la observaban escondidos. Cuando se estaba desnudando, decidieron que era la oportunidad que estaban esperando para asaltarla. La intentaron convencer para acostarse con ambos y, si se negaba, dirían que había echado a sus criadas para verse con un joven y la acusarían de adulterio, un delito muy grave en esa época que podía acabar con su vida. Susana en lugar de ceder al chantaje y al acoso sexual, prefirió ser acusada de adulterio antes que ser violada. Los hombres cumplieron su palabra y la denunciaron. Durante el juicio que la condenaba a muerte, imploró a Dios y sus súplicas fueron escuchada a través de Daniel, quien preguntó a los viejos bajo qué árbol habían visto a la joven en manos de su amante. Uno de ellos respondió que a la sombra de una acacia, justo en el mismo instante que el otro viejo respondió que fue bajo una encina. Se demostró que los viejos mentían y absolvieron a Susana. En cambio, los viejos fueron lapidados por falso testimonio.

Esta historia podría darse perfectamente en nuestra época. Hombres poderosos maduros y adultos que chantajean, acosan e intentan abusar de niñas y jóvenes. Esto sucede cada día en nuestras ciudades y una chica de diecisiete años del siglo XVII ya lo denunciaba en su pintura.

Curiosamente, la misma historia dibujada a través de la mirada y la visión personal del hombre, difiere mucho en el resultado. En la misma escena, pero pintada por Tintoretto, se aprecia a la joven Susana preparándose para entrar en el baño, ya desnuda, mientras es observada por los dos viejos. Se la ve mucho más relajada, regodeándose en los preámbulos antes de entrar en el agua, con rostro placentero, sin importar las miradas furtivas que su cuerpo atraía. Nadie diría que en la historia real, viendo este cuadro, Susana quisiera negarse a mantener una relación consentida con ambos viejos. Esto es un fiel reflejo de lo que ha ido ocurriendo a lo largo de la historia donde han sido los hombres quienes la han contado a través de la literatura, escultura, pintura, arquitectura, teatro, escuelas, filosofía... imponiendo el pensamiento masculino y la sumisión femenina.

**Santa Águeda** (Ágata en italiano) fue una virgen y mártir siciliana que nació en el año 230 d.C. El gobernador de Sicilia, Quintianus, quería conquistarla pero ella hizo juramento de castidad por amor a dios. Águeda rechazó al procónsul en numerosas ocasiones. Quintianus, desesperado, buscó la ayuda de Afrodisia, una mujer que regenteaba un burdel y urdieron un plan para que la joven cediera a los impulsos sexuales del gobernador. El objetivo era que Águeda perdiera la pureza y dejara de ser virgen.

Quintianus la obliga a permanecer en un prostíbulo durante un mes. En esos días, intentaron abusar de ella, violarla, pero la joven no cedía al abuso sexual al que se veía sometida. El gobernador al ver que era misión imposible poseerla, la llevó a una mansión y la prometió riquezas si se acostaba con él pero ella siguió rechazando todas sus ofertas. Durante ese período, toma el mando el Emperador Decio en el año 249 d.c. (así que Águeda tendría dieciocho o diecinueve años), emperador que tuvo como misión principal la persecución de los cristianos, y escribe un edicto para todo el Imperio donde expone que hay que sacrificar a todos los habitantes de cualquier clase y condición, hombres, mujeres y niños, ricos y pobres, nobles y plebeyos que fueran cristianos.

Águeda fue arrestada y llevada ante el tribunal para que prestara su sacrificio a los dioses y así poder salvarse de un destino cruel. La joven, sabiendo lo que depararía el futuro más inmediato si no lo hacía, se negó a realizar la ofrenda y públicamente confirmó su fe en Cristo. Es llevada ante Quintianus, quien sentía un enorme deseo carnal por ella y la aconseja que haga lo que dicta el emperador. Ante la negativa de Águeda, la envía a prisión. Pasado un tiempo ordena que compadezca nuevamente ante él. La joven se reafirma en su fe y en el rechazo al gobernador, así que Quintianus ordena que la azoten y la insta a replantearse su decisión y que cediera. Siendo consciente que jamás sería suya, ordena torturarla, arranquen sus pechos del cuerpo para más tarde quemarla.

Son muchos los cuadros que representan raptos, acoso sexual, abusos a mujeres, agresiones sexuales... con una temática muy parecida en todas ellas. Hombre quiere poseer a joven hermosa. Ésta le rechaza. Mujer es raptada, secuestrada, torturada, llevada a la hoguera, violada, mutilada o forzada.

La mayoría de pintores pensaban que la pintura proviene del cerebro y no de las manos, y las mujeres sólo poseían lo segundo.

Las mujeres más famosas que han pasado a la historia son indignas como lo fueron Eva, Lilith o Pandora. Pero hubo otras muchas mujeres cuya vida se ha convertido en una lección y ejemplo de cómo las mujeres pervertían a los hombres y les arrastraban al lado más siniestro del infierno y las tinieblas. Una de ellas fue Salomé, una princesa idumea (región ubicada en la frontera entre Jordania e Israel).

Fue hija de Herodías (mujer de Herodes Filipo), quien contrajo matrimonio con el hermanastro de éste, Herodes Antipas. Esta unión pecaminosa fue muy criticada por San Juan Bautista, el apóstol más célebre de todos considerado un profeta. Ante las acusaciones de Juan el Bautista, Herodías pidió su ejecución. Herodes temía ejecutarle por las repercusiones que eso tendría en el pueblo, así que decidió encarcelarlo.

En una fiesta que celebró Herodes para celebrar su cumpleaños donde acudieron muchas personas importantes, pidió a Salomé que bailara para ellos. Los movimientos de la joven encandilaron a la audiencia, era hipnótica. Después de terminar de bailar, ante la admiración que provocó en todos los presentes, Herodes la dijo que pidiera un deseo y le sería concedido. Susurrando su deseo a su madre, ésta se dirigió a Herodes y le dijo: *"Salomé desea la cabeza de Juan Bautista"*. Herodes se vio en una encrucijada pero no podía denegar el deseo que le había concedido a la joven. Herodes mandó a sus soldados que trajeran la testa del apóstol, quienes aparecieron con una bandeja donde se encontraba su cabeza.

Nuevamente, una mujer fue la culpable de los designios de uno de los hombres más relevantes de la religión y la fe. Podía haber pedido cualquier otro deseo pero ella solamente deseaba saciar su sed de sangre y venganza. Salomé pasaría a la historia por su forma de bailar y por ser la ejecutora de Juan Bautista.

Otra mujer que aparece en la Biblia cuya historia tampoco la deja bien parada es Dalila. En la historia del Libro de los jueces se habla de un hombre poderoso, con una prodigiosa fuerza, cuyo nacimiento fue milagroso ya que su madre era estéril. Un ángel de Yahveh se apareció a Manoa en la ciudad de Zora (Judea), y a su mujer Zlelponith, y la dijo que concebiría un hijo. Son legendarias las historias de Sansón en el campo de batalla. Era inmortal. Los filisteos, enemigos de Israel, pidieron a una joven llamada Dalila que se acercara a Sansón y descubriera de dónde procedía su fuerza. Si fracasaba en la misión o se negaba a hacerla, ella y su familia arderían en la hoguera. Dalila consigue que Sansón cediera a sus encantos y se casara con ella. Durante los siete días de luna de miel, la joven intentó sonsacarle que le dijera el secreto de su fuerza. Tres veces preguntó a Sansón y tres veces él le dio una respuesta falsa (tres veces al igual Pedro hizo con Jesús). Tras la insistencia y los encantos de su nueva esposa, Sansón la reveló la verdad. El secreto de su fuerza provenía al no cortarse el pelo en cumplimiento de un voto a Dios. Dalila cumplió su objetivo y facilitó a los filisteos la información que deseaban.

En Jueces 16:19 se lee: *"Y ella (Dalila) hizo que él se durmiese sobre sus rodillas, y llamó a un hombre, quien le rapó las siete guedejas (trenzas) de su cabeza y ella comenzó a afligirlo, pues su fuerza se apartó de él"*. Dalila recibió su compensación económica así como haber salvado su vida y la de su familia y se marchó lejos de Sansón. Esta historia es otro ejemplo de cómo un hombre valeroso que dio su corazón a la joven, fue traicionado y despojado de sus valores y poder.

**Penélope** era la esposa de Odiseo (Ulises para los romanos), Rey de Ítaca. Odiseo luchó en la Guerra de Troya y estuvo muchos años fuera de su hogar. Durante todo ese tiempo, Penélope cuidó de su hijo Telemaco y su suegro Laertes. Tanto tiempo sin su marido en casa provoca que muchos hombres la acosen y la quieran conquistar. Ella, ante la insistencia diaria de los hombres, para ganar tiempo les dice que cuando termine de tejer un sudario que está haciendo a su suegro elegirá como esposo a uno de ellos. Por el día tejía y por la noche deshacía lo que había tejido, su objetivo era perpetuar el engaño lo máximo posible para no tener que tomar dicha decisión y que su marido regresara. Así consigue que pasen cuatro años hasta que una de las esclavas la delata. Los hombres, al saber del engaño, la empiezan a agasajar con regalos y Penélope empieza a coquetear con todos. Cuando está sola, llora y ruega a Dios que se la lleve con él. Uno de los pretendientes, llamado Antínoo, le dice a Telemaco que la culpa no son de los hombres que la acosan diariamente sino de su madre que es una embaucadora y mentirosa: *"Nos da esperanza a todos y hace promesas que no cumple"*. Los hombres intentan convencer a Telemaco que su padre está muerto y él debería ser el Rey de Ítaca y que por culpa de su madre no lo es.

Mientras Penélope se mantenía fiel a su marido ante todas las adversidades, Odiseo llevaba los últimos siete años en la isla de Ogigia, donde reinaba una hermosa diosa llamada Calipso, hija del titán Atlas. Durante ese tiempo, tuvieron dos hijos, Calipso le ofreció la inmortalidad y la juventud eterna. Odiseo, atrapado en la isla, pidió a los dioses que le dejaran marcharse. Atenea convenció a Zeus que le dejara marchar. Odiseo emprende su marcha destino a Ítaca.

Una vez allí, en lugar de regresar al palacio directamente, se viste de vagabundo y mendigo, empieza a entablar conversaciones con esclavos y sirvientes para averiguar si su esposa le había sido infiel. Mientras Odiseo no era reconocido por nadie del palacio, Penélope tuvo que urdir nuevos engaños a los hombres que la acosaban. Les dijo que quien consiguiera tensar el arco de Odiseo y atravesar con un dardo los huecos de doce hachas colocadas en hilera, se casaría con él. Ningún hombre consigue realizar semejante hazaña hasta que el vagabundo tensó el arco y realizó la gesta. En ese instante, todos se dieron cuenta que se trataba de Odiseo, quien sabiendo todo lo ocurrido en palacio desde su ausencia, decide matar a los hombres, criadas y esclavas traidoras. Odiseo pensaba firmemente que su esposa le fue fiel y no mantuvo relaciones con ninguno de esos hombres.

Aquí tenemos una de las historias más famosas del poema épico la *"Odisea"* escrita por Homero, donde el hombre protagonista es un héroe, un rey y que por culpa de las artimañas de Calipso le fue infiel a Penélope e incluso llegó a tener dos hijos con ella. En cambio Penélope, quien cuidó de su hijo y del padre de Odiseo durante largos años, quien se mantuvo fiel ante todas las adversidades y acoso de varios hombres, y tuvo que utilizar artimañas para no ceder a los deseos de los hombres, es cuestionada por su marido, quien antes de entrar en palacio para encontrarse con su esposa, decidió averiguar a escondidas su fidelidad.

No importa la época de la historia de la que se hable, los comentarios e ideas sobre la mujer sigue una evolución continua de desprecio y degradación, acoso sexual, machismo y misoginia. Leyendo lo que pensaban figuras ilustres de la historia sobre ellas, queda evidente que la mujer ha sido y es vista como un objeto a merced del hombre, una figura infrahumana que debería agradecer lo que tiene al género masculino. La mujer fue creada por dios sin inteligencia pero con mucha maldad y tendencias al pecado e inclinaciones al mal.

Realmente las mujeres no han conseguido el acceso a una educación libre hasta hace muy poco. ¿Por qué? Sólo hay que leer los pensamientos y reflexiones de hombres ilustres que han pasado a la historia como auténticos genios, y como auténticos misóginos. Si esto es lo que pensaban mentes "abiertas" y eruditos, personajes que se estudian en las escuelas y universidades, qué no pensaría el pueblo más inculto.

- **Sigmund Freud**: *"La anatomía es el destino. Las niñas sufren toda la vida el trauma de la envidia del pene tras descubrir que están anatómicamente incompletas".*
- **Albert Einstein**: *"La mujer está donde le corresponde. Millones de años de evolución no se han equivocado, pues la naturaleza tiene la capacidad de corregir sus propios defectos".*
- **Valle Inclán**: *"Siempre he creído que la bondad de las mujeres es todavía más efímera que su hermosura".*
- Friedrich Nietzsche: *"Cuando una mujer tiene inclinaciones doctas, de ordinario hay algo en su sexualidad que no marcha bien. Hasta aquí hemos sido muy corteses con las mujeres. Pero !ay!, llegará un tiempo en que para tratar con una mujer habrá primero que pegarle en la boca".*
- Arthur Schopenhauer: *"Sólo el aspecto de la mujer revela que no está destinada ni a los grandes trabajos de la inteligencia ni a los grandes trabajos materiales. Las mujeres son bestias de cabellos largos e ideas cortas. ¿Qué puede esperarse de las mujeres, si se reflexiona que en el mundo entero no ha podido producir este sexo un solo ingenio verdaderamente grande, ni una sola completa y original en las bellas artes, ni un solo trabajo de valor duradero, sea en lo que fuere? Las mujeres, por ser más débiles, se ven obligadas a depender no de la fuerza, sino de la astucia; de ahí su hipocresía instintiva y su inmodificable tendencia a la mentira. Por eso el fingimiento es connatural a las mujeres y se encuentra tanto en las mujeres tontas como en las inteligentes. Sólo*

*infundiéndoles temor puede mantenerse a las mujeres dentro de los limites de la razón".*

- **Aristóteles**: *"En cualquier tipo de animal, siempre la hembra es de carácter más débil, más maliciosa, menos simple, más impulsiva y más atenta a ayudar a las crías. La hembra es hembra en virtud de cierta falta de cualidades".*
- **Ortega y Gasset**: *"El fuerte de la mujer no es saber sino sentir. Saber las cosas es tener conceptos y definiciones, y esto es obra del varón".*
- **Rousseau**: *"A las niñas no les gusta aprender a leer y escribir y, sin embargo, siempre están dispuestas para aprender a coser. Las mujeres, en general, no aman ningún arte, no son inteligentes en nada y no tienen ningún genio. Basta observar, por ejemplo, lo que ocupa y atrae su atención en un concierto, en la ópera o en la comedia; advertir el descaro con que continúan su cháchara en los lugares más hermosos de las más grandes obras maestras".*
- **Carl G. Jung**: *"Al seguir una vocación masculina, estudiar y trabajar como un hombre, la mujer hace algo que no corresponde del todo con su naturaleza femenina, sino que es perjudicial".*
- **Eurípides**: *"Aborrezco a la mujer sabia. Que no viva bajo mi techo la que sepa más que yo, y más de lo que conviene a una mujer. Porque Venus hace a las doctas las más depravadas".*
- **Dostoievski**: *"La vida de toda mujer, a pesar de lo que ella diga, no es más que un eterno deseo de encontrar a quien someterse".*
- **Moliere**: *"La mujer no necesita escritorio, tinta, papel ni pluma. Entre gente de buenas costumbres, el único que debe escribir en la casa es el marido".*
- **Calderón de la Barca**: *"Sepa una mujer hilar, coser y echar un remiendo, que no ha menester saber gramática ni hacer versos".*
- **Erasmo de Rotterdam**: *"Si, por ventura, alguna mujer quisiera aparecer como sabía, únicamente lograría ser dos veces necia:*

*sería como intentar llevar un buey al gimnasio. La mujer es un animal inepto y estúpido aunque agradable y gracioso".*

- **Charles Baudelaire:** *"En toda mujer de letras hay un hombre fracasado".*
- **Honoré de Balzac:** *"Debéis retrasar lo más que os sea posible el momento en que vuestra mujer os pida un libro".*
- **Voltaire:** *"Una mujer amablemente estúpida es una bendición del cielo".*
- **San Agustín:** *"Es orden natural entre los humanos que las mujeres estén sometidas al hombre, porque es de justicia que la razón más débil se someta al más fuerte".*
- **Óscar Wilde:** *"Las mujeres nunca tienen nada que decir pero lo dicen encantadoramente".*
- **Pitágoras:** *"Hay un principio bueno, que ha creado el orden, la luz y el hombre, y un principio malo que ha creado el caos, las tinieblas y la mujer".*
- **Santo Tomás de Aquino:** *"La mujer es un defecto de la naturaleza, una especie de hombrecillo defectuoso y mutilado. Si nacen mujeres se debe a un defecto del esperma o a los vientos húmedos. Sólo es necesaria para la reproducción".*
- **Martín Lutero:** *"Dios creó a Adán, dueño y señor de todas las criaturas vivientes, pero Eva lo estropeó todo. Aunque las mujeres se agoten y se mueran de tanto parir, no importa, que se mueran de parir, para eso existen".*
- **Gustav Flaubert:** *"La mujer es un vulgar animal del que el hombre se ha formado un ideal demasiado bello".*
- **Immanuel Kant:** *"La mujer no se traiciona fácilmente a sí misma y por eso no se emborracha. Como es débil, tiene que ser astuta".*
- **Lord Byron:** *"Las mujeres deberían ocuparse en los quehaceres de su casa; se las debería alimentar y vestir bien, pero no mezclarlas en sociedad. También deberían estar instruidas en la religión, pero ignorarlo todo de la poesía y la política; no leer más que*

*libros devotos y de cocina. Música, baile, dibujo y también un poco de jardinería y algunas faenas del campo de vez en cuando".*

- **Fray Luis de León**: *"Los fundamentos de la casa son la mujer y el buey: el buey para que are y la mujer para que guarde".*
- **Soren Kierkegaard**: *"La mujer pertenece al sexo débil".*
- **Fidias**: *"Las mujeres han de guardar siempre la casa y el silencio".*
- **Francisco de Quevedo**: *"No se puede fiar un secreto a una mujer a no ser que esté muerta".*
- **Hiponacte**: *"La mujer da al marido dos días de felicidad: el de la boda y el de su entierro".*
- **William Faulkner**: *"Las mujeres no son más que órganos genitales articulados y dotados de la facultad de gastar todo el dinero del marido".*
- **Confucio**: *"Tal es la estupidez del carácter de la mujer que en todas las cuestiones le incumbe desconfiar de sí misma y obedecer al marido. El marido tiene derecho de matar a su mujer. Cuando una mujer se quede viuda, debe cometer suicidio como prueba de castidad".*
- **Cayo Petronio**: *"Todas y cada una de las mujeres son una bandada de buitres".*
- **Plutarco**: *"La esposa no debe tener sentimientos propios, sino que debe acompañar al marido en los estados de ánimo de éste, ya sean serios, alegres, pensativos o bromistas".*
- **Urukagina**: *"Si una mujer habla (...) irrespetuosamente a un hombre, a esa mujer se debe aplastar la boca con un ladrillo cocido".*
- **León Tolstói**: *"Es evidente que todos los desastres, o una enorme proporción de ellos, se deben al carácter disoluto de las mujeres".*
- **Napoleón Bonaparte**: *"Las mujeres no son otra cosa que máquinas de producir hijos".*
- **Winston Churchill**: *"La dignidad de un primer ministro es como la virtud de una mujer, no es susceptible de disminución parcial".*

- **Sacha Guitry**: *"Si la mujer fuera buena, Dios tendría una"*.
- **Georg Wilhelm Friedrich Hegel**: *"Las mujeres no están hechas para las ciencias más elevadas"*.
- **Johann Gottlieb Fichte** (filósofo alemán): *"En el matrimonio, la mujer expresa libremente su voluntad de ser anulada ante el Estado por amor al marido"*.
- **Pierre Joseph Proudhon** (filósofo político francés): *"El impulso sexual femenino es lo más bajo y repugnante que existe en la naturaleza"*.
- **Otto Weininger**: autor de *"Sexo y carácter"*, equiparó el feminismo con la prostitución.
- **Homero**: *"No debe depositarse ninguna confianza en la mujer"*.
- **Buda**: *"La mujer es mala. Cada vez que se le presente la ocasión, toda mujer pecará"*.
- **Proverbio Árabe**: *"Cada tanto dar una paliza a la mujer es algo saludable. Si no sabes por qué, ella sí lo sabe"*.
- **Donald Trump**: *"Ya sabes, da igual lo que los medios escriban mientras tengas junto a ti un trasero joven y bonito. Hay tres tipos de mujeres. La primera es la que si realmente ama a su marido, se niega a firmar el acuerdo por un tema de principios. La segunda es la que tiene todo calculado y quiere sacar provecho del idiota con el que está casada. La tercera es la que lo acepta porque prefiere dar un golpe rápido y quedarse con lo que le ofrecen. Un hombre tiene claro lo que quiere y hace lo que sea para obtenerlo sin ningún tipo de límites. Las mujeres encuentran que ese poder que tengo es tan excitante como mi dinero. Poner a una mujer a trabajar es algo muy peligroso. Marla era un 10 en tetas, y un 0 en cerebro (Sobre su exmujer Marla Mapples). Cuando eres una estrella, las mujeres te dejan hacerles cualquier cosa. Agarrarlas por el coño. Lo que sea"*.

Se dice que el hombre y la mujer en las sociedades actuales son iguales pero lo que vemos está muy alejado de ello. Las mujeres han intentado en cada siglo dar un paso más pero nunca lo han tenido fácil. Ahora se habla mucho de que han conseguido la igualdad:

- El 70% de los 1200 millones de pobres absolutos en el mundo son mujeres.

- 500.000 mujeres mueren anualmente en el parto.

- Más de 200 millones de mujeres y niñas han sufrido mutilación genital.

- El 75% de los 23 millones de refugiados que hay en el mundo son mujeres y niños.

- El 63% de los millones de desempleados que hay en el mundo son mujeres.

- Las mujeres reciben el 40% menos del salario que los hombres por el mismo trabajo en el mundo.

- La duración de la jornada laboral de las mujeres es un 25% superior a la de los hombres en el mundo.

- Más de 110 millones de niños en el mundo, 2/3 partes de los cuales son niñas, no van a la escuela.

- De los 900 millones de personas analfabetas que hay en el mundo, 2/3 son mujeres.

- La mitad de las niñas que viven en países en desarrollo (con excepción de China) estarán casadas cuando cumplan 20 años.

- Las niñas entre 13 y 18 años de edad constituyen el grupo más numeroso en la industria del sexo. Se calcula que cerca de 500.000 niñas menores de 18 años son víctimas de tráfico sexual cada año.

- En algunas culturas, la preferencia por los niños tiene como consecuencia la selección prenatal del sexo y el infanticidio de niñas. En la India, por ejemplo, hay 933 mujeres por cada 1000 hombres, lo que implica 40 millones de mujeres "desaparecidas".

- 1400 mujeres mueren cada día por causas relacionadas con el embarazo, el 99% en países en desarrollo.

- En África subsahariana, una mujer tiene una posibilidad entre tres de morir al dar a luz. En los países industrializados, el riesgo es de 1 por cada 4085.

La clase política cree firmemente que la verdadera igualdad de género, con todo lo que ello conlleva, es un hecho y que la situación de la mujer ha mejorado hasta igualar al hombre. La mejoría que los datos presentan, lo que percibimos diariamente en las calles, televisión y nuestro entorno, está muy alejado de lo que es igualdad. Si ésta percepción que tienen los políticos fuera real, ¿por qué en España sólo entre un 30% y un 35% de las niñas creen que tienen las mismas oportunidades que los hombres?

Antiguamente ser prostituta significaba para la mujer bastante libertad en comparación con mujeres casadas que no disponían de espacio vital y eran esclavas de sus maridos o vendían a sus hijas a hombres maduros cuando eran solamente unas niñas. Actualmente, la prostitución y la explotación sexual es una forma de violencia y es un sector donde la amplia mayoría de la demanda proviene de los hombres.

Según datos de *"Fondation Scelles"*, creada en 1993 con el objetivo de actuar sobre las causas y consecuencias de la prostitución con miras a su desaparición, ya que considera esta práctica como una violación de los derechos humanos, la igualdad, la dignidad y una fuente de violencia social y personal, más del 90% de las mujeres prostituidas en Europa son inmigrantes. Esto significa que son obligadas a ejercer esta actividad y no libremente. 4 de cada 5 mujeres reconocen ejercer la prostitución en contra de su voluntad.

Las Plataforma Antipatriarcado publicó la hoja de datos de la prostitución en España.

| PROSTITUCIÓN<br>*La prostitución es un acto de violencia intrínsecamente traumatizante* | |
|---|---|
| **EDAD PROMEDIO DE ENTRADA A LA PROSTITUCIÓN** | **13.5 años** |
| Reportaron abusos sexuales durante la infancia | 85% |
| Reportaron haber sido víctimas de incesto | 70% |
| **SEÑALARON QUE EL PORNO LES ENSEÑÓ QUÉ ERA LO QUE SE ESPERABA DE ELLAS Y ELLOS** | **52%** |
| Dijeron que se usó pronografía para ilustrar qué era lo que los clientes querían | 80% |
| Dijeron que los proxenetas les hacían ver porno regularmente | 30% |
| **PORCENTAJE APROXIMADO DE PERSONAS PROSTITUIDAS QUE FUERON VÍCTIMAS DE VIOLACIÓN** | **75%** |
| Mujeres prostituidas que tuvieron proxenetas | 90% |
| Mujeres prostituidas violadas por proxenetas | 85% |
| ***LAS MUJERES PROSTITUIDAS FUERON VIOLADAS CERCA DE 16 VECES POR SUS PROXENETAS, ANUALMENTE*** | |
| **DE 457 PERSONAS (MUJERES, HOMBRES Y TRANSGÉNEROS) DENTRO DE LA PROSTITUCION, ENTREVISTADAS EN 5 PAÍSES. (Sudáfrica, Tailandia, Turquía, Estados Unidos, Zambia)** | |
| Violadas en prostitución | 62% |
| Abusadas físicamente | 73% |
| Actualmente no tienen hogar / situación de calle | 72% |
| ***QUIEREN ESCAPAR INMEDIATAMENTE DE LA PROSTITUCIÓN*** | **92%** |
| **MUJERES Y NIÑAS EN LA PROSTITUCIÓN TIENEN EN PROMEDIO UNA MORTALIDAD 40 VECES MAYOR QUE UNA PERSONA COMÚN** | |
| Mujeres dentro de la prostitución escort que han tratado de suicidarse | 75% |
| Suicidios logrados de mujeres prostituidas, de todos los suicidios logrados reportados por hospitales | 15% |
| **Fuente: Extracto de "Prostitution Fact Sheet" [Hoja de datos de la prostitución], compilada por Melissa Farley, para el sitio sobre educación e investigación de la prostitución, "prostitutionresearch.org"** | |

Los datos son esclarecedores y dramáticos:

- 9 de cada 10 fueron violadas por su proxeneta.

- 3 de cada 5 fueron violadas por clientes.

- 3 de cada 4 sufrieron abusos sexuales.

- 3 de cada 4 han intentado suicidarse.

- 4 de cada 5 han sido amenazadas con un arma de fuego.

El 92% de la mujeres que ejercen quieren escapar y salir de la prostitución. Esto demuestra que no quieren vender su cuerpo en contra de lo que se dice y se piensa en muchos círculos, que son ellas quienes eligen hacerlo por voluntad propia en la mayoría de los casos.

A los hombres se les ha vendido la prostitución como algo normalizado y que es un trabajo como otro cualquiera. A las mujeres se les vende la prostitución como un derecho a hacer con su propio cuerpo lo que ellas quieran. A los neoliberales como un ejemplo y símbolo del libre mercado. A las personas con ideología de izquierdas como un trabajo que debe ser regulado y necesita un sindicato y derechos laborales.

Cuando se habla de prostitución, Holanda es el país europeo referente en cuanto a avances y libertades. Fue el primero en crear un sindicato llamado *"De Rode Draad"* (El Hilo Rojo), que se convirtió en el primero de este tipo en el mundo. Se trata de un sindicato de las trabajadoras del sexo, pero financiado con dinero público y dirigido por sociólogos y sociólogas. Apenas hay más de un centenar de afiliadas a este sindicato. Si la prostitución es un trabajo cualquiera y se pide legalización y regulación, ¿cómo es posible que en Holanda y Alemania apenas se inscriba alguna?

El motivo es que la mayoría de prostitutas ejercen como una salida rápida para ganar dinero, ya sea por su situación familiar, personal o jurídica, y lo toman como una situación temporal a corto-medio plazo y temen que una vez registradas no puedan dejarlo cuando deseen. Otro motivo fundamental es, que al estar dadas de altas como autónomas, aparece en la vida laboral de las mujeres y ninguna desea que se vea reflejado públicamente en ningún organismo. En Alemania, las mujeres apuntadas a la *"Organización de Trabajadoras Sexuales Organizadas"* sólo representa al 0,01% de todas las prostitutas germanas. Curiosamente, dentro de ese porcentaje tan ínfimo, se encuentran proxenetas y dueños de burdeles. Esto demuestra que la prostitución no es un trabajo como otro cualquiera y aferrarse a ese pensamiento es hipócrita y la legalización no es una solución.

Entre las cinco palabras más buscadas en internet por los jóvenes, se encuentra *"sexo"* y *"porno"*. Analizando en cada territorio las palabras más demandadas en internet, nos encontramos que en México *"feminicidio"* está entre las tres primeras. En Brasil, Venezuela, Ucrania, Hong Kong, Colombia, Bulgaria, Letonia y Tailandia la más buscada es *"prostituta"*. En Mauritania lo más buscado es *"el precio de una esclava"*.

El negocio de la prostitución ingresa más de 100.000 millones de dólares al año. Tras este negocio se encuentra la trata de blancas, pederastia, abusos, violaciones, pornografía infantil, violencia machista, esclavitud... Intentar dar cifras exactas sobre mujeres que ejercen es muy complicado. Se estima que solamente en España entre burdeles, agencias exclusivas, prostitución callejera, contactos en redes sociales y anuncios, escorts y un incremento de mujeres que alquilan su cuerpo en tiempos de crisis, la cifra se elevaría al millón de mujeres.

El negocio de la pornografía también supera los 100.000 millones de dólares al año. A la cabeza está Alemania, Reino Unido y Estados

Unidos donde de cada 100 usuarios de internet, 15 están visitando páginas pornográficas. En el año 2013, más de mil millones de personas visitaron la web Pornhub, donde se visionaron más de 60.000 millones de vídeos, y en 2014 se vieron 78.900 millones de vídeos con más de 2 millones de visitas diarias. En 2015 sigue existiendo una tendencia al alza y se visionaron en esta web 87.849 vídeos pornográficos, que sumaron un total de 4392 millones de horas de visionado, lo que equivale a retransmitir unos 75 Gb de datos por segundo. Esto significa que, si dividimos el número de vídeos pornográficos que se vieron entre el número total de habitantes de la Tierra, tocaría a 12 vídeos por habitante.

Cada segundo, más de 3 millones de usuarios en el mundo están viendo material pornográfico. Cada segundo 30.000 usuarios de internet son expuestos de forma indirecta a imágenes pornográficas. Cada minuto, un nuevo vídeo de contenido pornográfico está siendo creado para su visionado. El 37% de internet está compuesto de material pornográfico. Hay cerca de 400 millones de páginas de contenido para adultos y se realizan diariamente 70 millones de referencias pornográficas en los diferentes buscadores que existen para encontrar el contenido que uno desea ver. Estos datos reflejan fielmente el poder que tiene este negocio y la facilidad para que cualquier persona acceda a su contenido.

Más del 90% de las mujeres que ejercen son forzadas a ello. Luego existe un reducido número que lo hacen por deseo propio como **María Riot**, quien comenzó a los 21 años a través de webcam. Actualmente es actriz porno y prostituta de profesión. Riot pertenece al *"Sindicato de Trabajadoras Sexuales de Argentina"* (AMMAR). Ella es abanderada de ser prostituta y feminista. En una entrevista que la realizó Ana Paula Negri, a la pregunta de si las prostitutas sufrían violencia de género, Riot respondió: *"Por supuesto que sí. Somos mujeres que trabajamos en la clandestinidad y es por eso que pedimos que se nos den derechos. Si una mujer denuncia que su pareja ejerce violencia hacia ella y no se le* *da relevancia, se minimiza o hasta se burlan de ella, imagínate si una trabajadora sexual denuncia que un cliente fue agresivo. La violencia que podamos sufrir no nos pasa por putas sino por mujeres. Todas estamos expuestas a la violencia machista y por eso es que pedimos derechos, para no vivir en la marginalidad que nos expone aún más a sufrir agresiones".*

El psicoterapeuta húngaro Peter Szil es uno de los mayores expertos en este tema. Lleva más de treinta años trabajando sobre los efectos de la pornografía y la prostitución. Dijo: *"La conversión de las mujeres en objetos sexuales es un proceso de deshumanización en cuyo extremo final está la violencia sexual masculina. Es esto lo que la prostitución institucionaliza, ya que el cliente consigue de la persona prostituida algo que de otra manera no podría conseguir sino con violencia. El cliente (y la sociedad) oculta ante sí mismo el hecho de la violencia interponiendo una infraestructura (manejada por los proxenetas) y el dinero. La prostitución es una de las formas más repugnantes de la violencia hacia las mujeres".* Peter Szil no cree que la legalización sea una solución: *"En Holanda la legalización de la prostitución ha sido un fracaso. La policía tuvo que cerrar una de las zonas del barrio Rojo más famosas de Ámsterdam porque se les fue de las manos completamente. En lugar de reducirse la criminalidad, como se anunciaba, se ha disparado el comercio con niñas, pues la edad de entrada de las mujeres en la prostitución ha bajado a los 14 años y la mafia se ha hecho con el terreno completamente. El modelo sueco, que penaliza al cliente y no a la prostituta, sí funciona".*

Uno de los gremios donde más prostitución existe es el mundo de la moda. En agosto de 2017, una chica llamada **Jazz Egger**, que había participado en varios certámenes de modelos como *"Next Top Model"* y *"Elite Model Look"*, denunció a la industria de la moda. Afirmó que la habían ofrecido miles de euros por mantener relaciones sexuales con hombres de un poder adquisitivo muy elevado, así como asegurarla trabajos para las grandes marcas. Jazz Egger denuncia que las agencias, algunas y algunos modelos están involucrados en convencer y captar a chicas jóvenes por las que llegan a ofrecer un millón de euros por una noche.

Los escándalos sexuales se dan en todos los gremios pero cuando salpica y se hace público en instituciones u organismos con una imagen positiva, el impacto es mucho mayor. Esto ha sucedido en la Academia sueca que otorga cada año el Premio Nobel. Todo empezó en noviembre de 2017, al mismo tiempo que el escándalo de Hollywood y en pleno movimiento feminista #MeToo, cuando una periodista del diario *"Dagens Nyheter"*, el periódico más grande e importante de Suecia, reveló que 18 mujeres habían sufrido abusos sexuales por parte de Arnault.

Al igual que Harvey Weinstein, todo empezó a mediados de la década de los noventa cuando una mujer le acusó pero no hubo ningún tipo de medida contra él. También se le implica con la Casa Real de Suecia, cuando la princesa Victoria tenía poco más de 20 años y Arnault la tocó el culo, acto que un personal de la Casa Real presenció e intervino. El escándalo derivó que en el 2018 no se otorgara el Premio Nobel de Literatura y se le ha apodado *"el Weinstein de la literatura"*. Otro miembro de la Academia Sueca, Peter Englund, al saltar la noticia en todos los tabloides, dijo: *"Ya nada me sorprende sobre esa persona, ese cabrón"*.

Tras el escándalo de Harvey Weinstein y la aparición del movimiento #MeToo donde se animaba a las mujeres a contar sus experiencias para que la sociedad fuera consciente que no son casos aislados y sí algo muy frecuente que ocurre cada día y que la mayoría de mujeres ha sufrido en algún momento acoso sexual, abuso sexual o violación, son muchas voces quienes se han levantado en contra de este movimiento tildándolo de puritanismo extremo e incluso se creó un movimiento paralelo de mujeres denunciando que es excesivo. El movimiento #MeToo no es sólo contar tu experiencia sino que es crear conciencia social. Se trata de qué es lo correcto. Pero hay mujeres que piensan que el movimiento se centra demasiado en la lucha contra las violaciones y el acoso sexual.

Una de las cabezas visibles de ese movimiento anti #MeToo es la actriz francesa **Catherine Deneuve**, que dijo al diario francés *"Le Monde"* que se trata de una justicia expeditiva y puritanismo que convierte a la mujer en una víctima eterna. Más de un centenar de intelectuales francesas se unieron al pensamiento de Deneuve para protestar por una campaña de acusaciones públicas de individuos que, sin haber tenido la posibilidad de responder ni defenderse, se les ha situado al mismo nivel que los delincuentes sexuales, hombres castigados en el ejercicio de su profesión, obligados a renunciar, cuando sólo han sido culpados de tocar una rodilla, haber intentado dar un beso, hablar de cosas íntimas en una cena profesional, o haber enviado mensajes de connotación sexual a una mujer que no se sentía atraída de manera recíproca. El diario británico *"The Telegraph"* publicó una declaración de la actriz francesa donde dice: *"Los hombres deberían tener la libertad de pegar a las mujeres"*.

Si existe un sector de mujeres conocidas donde sus opiniones tienen influencia en muchas personas alrededor del mundo, este tipo de comentarios no hacen ningún bien porque muchas llegarán a creerlo y es una excusa perfecta para los hombres escudarse en la opinión de estas mujeres para seguir actuando impunemente de forma machista.

Las mujeres francesas ponían énfasis en que hay hombres que son víctimas del puritanismo y que han sido puestos al nivel de los delincuentes sexuales. Habría que pensar que las mujeres son suficientemente inteligentes para discernir lo que es acoso y abuso sexual de aquello que no lo es.

Las mujeres que crean firmemente que los movimientos que se están generando son extremistas o fuera de toda lógica, deberían preguntarse si se sienten cómodas con determinadas actitudes machistas, si se sienten seguras cuando se marchan a casa de madrugada o se han sentido soliviantadas más de una vez. El verdadero motor de estos movimientos no es culpabilizar a todos los hombres ni señalar a todos sino que piden una sociedad más justa, más igualitaria, más segura para ellas donde las leyes las protejan de verdad y no actúen como cómplices y cambiar determinados comportamientos y mentalidad generalizada en sociedades totalmente patriarcales que no debería ser normal.

Diariamente utilizamos frases machistas, a veces de forma consciente y otras de forma inconsciente:

- Qué mal conduce, seguro que es mujer.

- Corres como una niña.

- Sé fuerte como un hombre.

- Compórtate como una señorita.

- ¿Dónde vas así vestida? así sólo se visten las busconas.

- Eres muy graciosa para ser mujer.

- Con tu hermano es distinto, él es un chico.

- La han ascendido, a saber a quién se ha follado.

- Lo más bonito de ser una mujer es tener hijos.

- Mujer al volante, peligro constante.

- Si no quieres que te toquen el culo no vistas así.

- ¿Eres camionera, taxista, informática? Qué raro siendo mujer.

- Si yo fuera una mujer, sería muy zorra.

- Las feministas son unas malfolladas.

- ¿Qué pasa, estás con la regla?

- ¿No te intereso? ¿Qué pasa, tienes novio?

Todos, en algún momento, han dicho alguna frase machista ya bien con intencionalidad o sin darse cuenta que lo era. Lo que es evidente, es que nuestra sociedad y nuestro vocabulario es totalmente machista y sexista. Para decir que una mujer es una guarra o prostituta, existen decenas de apelativos: fulana, lumi, ramera, pelandusca, buscona, cortesana, golfa, meretriz, milonga, zorra, loba, perra, furcia... En latín ya existían más de cincuenta términos para referirse a una mujer considerada prostituta o que actuaba como tal. Por ejemplo, meretriz significa *"la que se lo merece, la que ha trabajado y por eso cobra"* y la palabra vagina realmente significa *"la funda del pene"*, atributo considerado protector contra el mal de ojo, contra la mala suerte y para ahuyentar a los envidiosos, en busca de la buena fortuna.

En la antigua Roma era muy común ver en las casas de los más poderosos la pintura de Príapo, un dios de la fertilidad y un personaje puramente fálico.

En esta pintura se ve a Príapo pesando su enorme pene en una balanza de oro donde también aparece un cesto de frutas y una bolsa de dinero en la otra parte de la balanza. La escena representa que el pene es lo más preciado no sólo para el hombre sino que es el mayor tesoro que existe, más que el dinero, más que el oro y no importa contra qué se compare en una balanza siempre ganará en importancia. Estamos ante sociedades totalmente falocentristas.

El falo era venerado. En las bodas romanas era práctica habitual que a la novia se la sentara sobre la imagen de la deidad fálica del matrimonio Mutinus Tutinus para prepararla al coito y como ritual contra la esterilidad.

El mal de ojo era una creencia muy extendida en la sociedad romana, era la influencia perniciosa, que una persona puede ejercer sobre todo lo que le rodea, sin recurrir a ninguna ceremonia ni fórmula mágica, a veces sin proponérselo o en contra, incluso, de su voluntad. Los romanos eran muy supersticiosos y para luchar contra los males tenían todo tipo de amuletos. Una de las supersticiones más temidas era el mal de ojo y para mantenerlo alejado portaban amuletos fálicos (Fascinum) que se colgaban del cuello.

El fascinus o fascinum era la personificación del falo divino en el Imperio Romano. Eran tan importantes estos amuletos que los generales cuando regresaban del campo de batalla victoriosos portaban falos. Cuanto mayor hubiera sido la victoria o mayor su importancia, mayor era el amuleto.

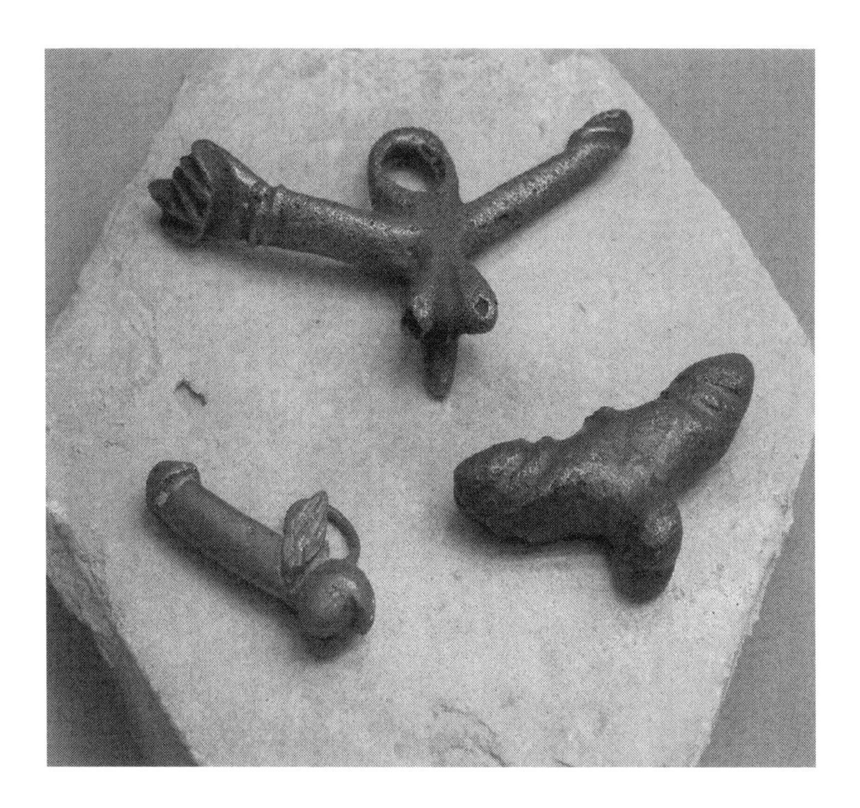

Del nombre de este amuleto (fascinum) proviene la palabra "fascinación", que significa gran atracción. El falo ha sido considerado por los hombres como un "objeto" de deseo de las mujeres cuyo poder de atracción era irresistible, imagen de virilidad y sexo, placer y poder.

Gracias al descubrimiento de la ciudad de Pompeya en todo su esplendor a mediados del siglo XIX, se pudo comprobar la importancia que el pene tenía en la sociedad romana y emergió a la luz todo el arte erótico que regía la ciudad donde aparece la figura de Príapo. Era hijo del dios del vino y el éxtasis, Dionisio y Afrodita, diosa de la belleza, el amor y el deseo. La diosa quedó embarazada de un antiguo amor sin que Dionisio tuviera conocimiento de ello. Pero hera, esposa de Zeus, sí tuvo constancia de este hecho y la castigó, y Príapo fue condenado a tener su falo siempre en erección sin poder reproducirse. De esta historia mitológica se denomina priapismo a la enfermedad que provoca la permanente erección del pene sin apetito sexual.

Uno de los rituales y días más importantes de la antigua Roma era la festividad de los Lupercales, que se celebraba cada 15 de febrero. Era la fiesta sexual por excelencia del Imperio Romano. Era normal ver a gente borracha y desnuda por las calles manteniendo sexo en todos los rincones de la ciudad, en vías públicas. El nivel de depravación y obscenidad era tan alto que el Papa Gelasio lo prohibió en el año 494. En su lugar, adelantó la festividad un día, al 14 de febrero, y fue el origen del día de los enamorados.

El arte erótico romano se inspiraba en las perversiones y fantasías de los emperadores, en festividades religiosas y en la vida cotidiana. Las relaciones sexuales fuera de la pareja estaban permitidas y aceptadas socialmente, especialmente para los hombres donde tenían relaciones con su mujer en el hogar, con prostitutas en los lupanares, con hombres en las termas, con esclavas y esclavos... La homosexualidad en la época romana era algo muy común y aceptado siempre que ese tipo de relaciones no influyeran en la vida marital ni afectara al círculo de quien lo practicaba. Los hombres que ejercían la homosexualidad debían dejar claro quién era el activo y el pasivo, quién ejercía de amo y de sumiso. Realmente el término "homosexual" no existía, ya que no había una palabra que lo definiera. En Roma ase hablaba de bisexualidad.

Existían muchos hombres poderosos e influyentes, incluidos emperadores, que eran homosexuales. El Emperador Julio César mantuvo relaciones con Nicomedes IV (Rey de Bitinia). El problema que tuvo Julio César no eran estas prácticas sino que se rumoreaba que él hacía el papel de pasivo. Era inadmisible que todo un Emperador de un Imperio como Roma no ejerciera de activo. El Emperador Nerón fue el primero que se casó con otro hombre, un joven llamado Esporo, quien tenía un parecido razonable con la difunta esposa de Nerón, Popea Sabina. Nerón ordenó castrar a Esporo y que se vistiera de mujer. Calígula mantuvo relaciones sexuales con Marco Emilio Lépido, bisnieto del emperador César Augusto y primo de Calígula, También mantuvo una relación con Mnester, un actor griego muy popular en la corte. El general Trajano mantuvo relaciones con jóvenes bailarines. El emperador Adriano estaba enamorado de Antinóo, quien fue su amante. El emperador Heliogábalo se casó dos veces vestido de mujer, adoptando así públicamente el papel pasivo en la relación.

Las mujeres y esposas romanas no debían ni podían sentir celos o malestar porque su marido tuviera relaciones sexuales con otros hombres. Debían llevarlo con dignidad. La homosexualidad en la antigua Grecia y Roma era muy habitual, pero ¿y las relaciones sexuales entre mujeres? El lesbianismo era considerado en Roma una aberración y era inconcebible. Era inexplicable para un hombre entender quién en una relación lésbica iba a ejercer el papel de activo y de la penetración, cuando esto iba contra natura. Tampoco existía una palabra para denominar a una mujer lesbiana, así que se las conocía como *"tribás"* (frotar o restregar), por lo que a quienes ejercían esta práctica se las llamó tribadismo, en referencia a una práctica de sexo génito-genital donde ambas mujeres se frotaban para fingir que el clítoris hace la función del pene, cuando existen evidencias pictóricas donde ya existían consoladores fabricados en cuero.

Séneca no soportaba la idea que la mujer tomara la parte activa en una relación sexual. Esto significa que no estaba bien visto ni debía ser una práctica común que la mujer montara al hombre. Otra práctica totalmente repudiada era el cunnilingus lésbico, considerada la peor de las prácticas dentro de las ya aberrantes prácticas y humillación femenina.

Toda la información que se posee de la época griega o romana procedía de hombres. El tema del lesbianismo era tabú y se silenciaba siempre, sin dejar escritos ni referencias históricas, y los pocos que han sobrevivido hablando y tratando este tema tienen una visión muy negativa del lesbianismo, de total rechazo a esta práctica en contra de la naturaleza.

Los primeros escritos y referencia sobre lesbianas se encuentran en Babilonia y en lengua sumeria. En el código de Hammurabi se habla de ciertas mujeres con inclinaciones lésbicas llamadas *"salzikrum"* (hija hombre). Pero la primera referencia real que se tiene de una mujer abiertamente lesbiana se llamaba Safo. Era una mujer que vivió en la isla de Lesbos (Grecia) entre el año 630-560 a.C. Safo era una mujer muy culta e ilustrada. Creó una academia para mujeres exclusivamente llamada *"La Casa de las sirvientas de las Musas"* donde se adoraba a la diosa. Allí, las chicas aprendían música, danza, arte, religión, poesía... y se las preparaba para ser las mejores esposas y amas de casa. Al no haber ningún hombre, Safo también las iniciaba en el arte del sexo y mantuvo relaciones con muchas de sus alumnas. Por este motivo y al ser la primera referencia escrita de una mujer abiertamente lesbiana que vivió en la isla de Lesbos, a las mujeres que mantienen relaciones sexuales con otras mujeres se las llama lesbianas.

En la antigua China existía cierta tolerancia hacia el lesbianismo ya que las mujeres son el ying (energía necesaria para el cuerpo). Cuando dos mujeres mantenían relaciones sexuales se denominaba *"dui shi"* o *"mojinzi"* (espejos frotándose).

En el cristianismo la idea de relaciones lésbicas no está contemplado ni admitido. Se sabía que en los conventos, sobre todo protestantes, las relaciones sexuales entre las monjas se daba con frecuencia. Por este motivo, en el Concilio de París (año 1212), para evitar la tentación entre ellas se prohibió que las monjas durmieran juntas, que entraran en los aposentos de las otras y estaban obligadas a no cerrar con llave. Existe constancia de una monja mística lesbiana llamada Sor Benedetta Carlini, abadesa del Convento de la Madre de Dios (Italia) que mantuvo relaciones sexuales con una hermana llamada Bartolomea. Cuando fue descubierta por otras monjas la denunciaron y fue despojada de su cargo y arrestada durante treinta y cinco años, hasta su muerte.

Cuando se descubrió América, los españoles quedaron escandalizados con los rituales sexuales de los nativos. En las cartas enviadas a suelo español para informar a los reyes, se hablaba de *"sodomia foeminarum"*, donde se informaba no sólo de las prácticas homosexuales y lésbicas sino de la existencia de matrimonios entre hombres y entre mujeres. El primer registro que se conoce de la utilización de la palabra lesbiana fue en el siglo XVI en una obra de Pierre de Brântome, donde recopiló una serie de poemas amorosos entre mujeres llamado *"Las lesbianas"*. Si Safo fue la primera mujer lesbiana de quien existen referencias evidentes, **Anne Lister** fue la primera donde aparece documentado. Esta mujer nació en el año 1791. Conocida como una viajera incansable, en sus diarios dejó anotados sus ocupaciones diarias y sus amoríos. Curiosamente, todo lo referente a sus relaciones sexuales con otras mujeres estaban escritas en un código cifrado. Se casó con una mujer llamada Eliza Raine y con otra llamada Anne Walker.

En el siglo XX si hubo una mujer con un cargo de poder que fue una luchadora de los derechos de las mujeres, esa fue **Eleanor Roosevelt**, esposa del presidente de Estados Unidos Franklin Delano Roosevelt (eran primos).

Eleanor Roosevelt fue una feminista que intentó cambiar el mundo. En su vida privada mantuvo relaciones sexuales con mujeres. Entre ellas, la sufragista Susan B. Anthony, Elizabeth Cady Stanton y la reportera de la agencia Associated Press, Lorena Hickok. Las lesbianas eran consideradas seres inferiores. Algunas frases de la primera dama en su lucha feminista fueron:

- *Nadie te puede hacer sentir inferior sin tu consentimiento.*

- *Con el nuevo día vienen nuevas fuerzas y nuevos pensamientos.*

- *Lo que no haces puede convertirse en una fuerza destructiva.*

- *La justicia no debe ser para un lado solo, debe ser para ambos.*

- *Una mujer es como una bolsa de té – no se puede saber lo fuerte que es hasta que la pones en agua caliente.*

- *Recuerda siempre que no sólo tienes el derecho de ser un individuo, tienes la obligación de serlo.*

- *Las grandes mentes discuten las ideas; las mentes promedio discuten los eventos; las mentes pequeñas discuten con la gente.*

- *La batalla por los derechos individuales de las mujeres es una de larga duración y ninguno de nosotros debería tolerar cualquier cosa que la socave.*

- *El odio y la fuerza no pueden estar en una parte del mundo sin tener un efecto sobre el resto.*

- *No tenemos que convertirnos en héroes de la noche a la mañana. Demos un paso a la vez, enfrentando cada cosa que se presenta, viendo que no da tanto miedo como parece, descubriendo que tenemos la fuerza para mirar hacia abajo.*

*- Tenemos que enfrentar el hecho de que todos moriremos juntos o tendremos que aprender a vivir juntos. Y si tenemos que vivir juntos, tenemos que hablar.*

*- ¿Llegará el día en el que las personas sean lo suficientemente sabias como para rechazar seguir a malos líderes o dejar de quitarles la libertad a otras personas?*

*- Estoy convencida de que debemos esforzarnos por enseñar a los jóvenes a que usen su mente. Pues una cosa es segura: si ellos no se forman una opinión, alguien la formará por ellos.*

Eleanor Roosevelt, además de ser una defensora y propulsora de un cambio en la sociedad a favor de homosexuales y lesbianas, era una mujer cuya soledad y tristeza la abatía cuando pasaba largas temporadas sin poder ver a Lorena Hickok, motivo por el que ambas intercambiaron cientos de cartas expresando y plasmando su amor.

En la década de los sesenta, en Estados Unidos ser homosexual/lesbiana era un serio problema, tanto como ser negro y llevar al Congreso sus derechos era una utopía. Un cambio sustancial vino dado por un reverendo llamado Ted McIlvenna (nombre real Robert Theodore McIlvenna), cuya lucha fue fundamental para el establecimiento de una de las principales instituciones de sexología, el *"Instituto para el Estudio Avanzado de la Sexualidad Humana"* en San Francisco (USA). Ted es un activista de los derechos humanos que colecciona material erótico que le ayuda en la docencia para transmitir un mensaje de los derechos de homosexuales y lesbianas. A Ted lo conocen en San Francisco como *"el misionero del sexo"*. Es una de las personas que mayor colección tiene sobre erotismo y pornografía del mundo. McIlvenna asegura que el valor de lo que tiene supera los diez millones de dólares. Una de sus últimas misiones le ha llevado a China: *"Durante décadas a las mujeres se las ha tratado en este país como personas de segunda clase pero algo está empezando a cambiar"*. Algunas personalidades que le acompañan son la escritora Leanna Wolfe y la académica Jane Hamilton, ex actriz porno de la década de los ochenta bajo el pseudónimo de Verónica Hart. Ted se describe a sí mismo y su viaje a China como: *"Soy un teólogo misionero cuyo objetivo en este viaje es mantener a los chinos lejos del pecado y de la enfermedad y cerca de los aspectos más placenteros de la sexualidad. Queremos explorar el arte erótico de China y celebrarlo. Nuestro único principio es la libertad"*.

McIlvenna llegó a la ciudad de San Francisco para hacer apostolado entre los homosexuales en 1963. Su objetivo era convertirlos en heterosexuales. Al ser consciente que eso era imposible se unió a la causa. Sobre este hecho dijo: *"Al llegar no se fiaban de mí por mi condición de religioso. Pero luego empecé a ir con mi esposa a sus bares y se dieron cuenta de que luchaba por sus derechos. No fui el único pastor en ayudarles. Había algunos presbiterianos y de otras iglesias protestantes. No había ni un solo baptista ni evangélico y por supuesto ningún católico. Con los católicos no tengo ninguna paciencia. Me parecen cristianos de mentiras. Sigo siendo un pastor metodista y ya no me importa lo que digan otros pastores sobre mí. Mi consejo es que si tienes que elegir entre tu sexualidad o tu religión, elige tu sexualidad"*.

En los siglos XIX y XX, Estados Unidos y Reino Unido perseguían los actos sexuales entre las mujeres y querían modificar las leyes de sodomía para incluir a las lesbianas. Uno de los mayores azotes y enemigos de gays y lesbianas fue el británico Henry Labouchère, famoso por la *"enmienda Labouchère"*. En 1884 propuso extender las leyes existentes contra la crueldad hacia los animales para que fueran incluidos homosexuales y lesbianas. Esta enmienda fue la causante del castigo y sentencia que sufrió el famoso escritor Óscar Wilde (El retrato de Dorian Gray). Las leyes que existían bajo pena de muerte afectaban únicamente a los homosexuales, ya que las lesbianas eran invisibles a la sociedad hasta el momento. Tanto es así, que incluso la Reina Victoria de Inglaterra se negaba a admitir que el lesbianismo existiera. Como el pensamiento durante siglos era que las mujeres no podían ser lesbianas, que era una idea absurda, no se aplicaban leyes concretas contra ellas y en la palabra "homosexualidad" se englobaba todo. El texto de la propuesta que se presentó ante la Cámara, decía: *"Asquerosidad innatural, que debe ser castigada con la muerte, ya sea sodomía, unión carnal de hombre con hombre, o mujer con mujer, o bestialismo, que es la unión carnal de hombre o mujer con bestias o caza menor"*.

Justo en esa época, en el año 1889 tuvo lugar el *"escándalo de la calle Cleveland"* cuando un burdel homosexual fue descubierto por la policía en dicha calle, en el barrio de Fitzrovia (Londres). Las relaciones sexuales entre hombres eran ilegales en Gran Bretaña y aquellas personas que lo fueran se enfrentaban a graves castigos. Todo empezó cuando detuvieron a un joven de quince años llamado Charles Swinscow que trabajaba como mensajero del Servicio de Correos. La policía sospechaba que estaba robando en su empleo porque siempre llevaba mucho dinero encima. El día de su detención, llevaba 18 chelines en el bolsillo, una cantidad que equivalía a dos meses de trabajo con el sueldo que percibía en Correos. Durante el interrogatorio, el joven declaró que ese dinero provenía del trabajo que ejercía en un burdel gay situado en la calle Cleveland. Cuando empezó la investigación de dicho lugar, empezaron a aparecer nombres de clientes muy importantes como el príncipe Alberto Víctor (hijo mayor de Eduardo VII y segundo en la línea de sucesión al trono británico), Lord Arthur Somerset (hijo del Duque de Beaufort, que estaba al servicio personal del Príncipe de Gales, el futuro rey Eduardo VII), Henry James Fitzroy (Conde de Euston), el Coronel Jervois o el Duque de Clarence. La aristocracia británica era la clientela asidua en este burdel gay para mantener relaciones sexuales con chicos entre dieciséis y diecinueve años. El gobierno fue acusado de encubrir el escándalo para proteger los nombres de los aristócratas involucrados.

El caso de la Calle Cleveland fue designado al inspector de Scotland Yard, Frederick George Abberline, quien en 1888 se había hecho cargo de los crímenes de White Chapel, que fueron una serie de asesinatos cometidos a prostitutas donde once mujeres fueron asaltadas sexualmente y asesinadas por Jack el Destripador. Sus nombres eran: Frances Coles, Martha Tabram, Annie Chapman, Catherine Eddowes, Mary Jane Kelly, Emma Elizabeth Smith, Elizabeth Stride, Mary Ann Nichols, Alice McKenzie y Mylett Rose. Hubo un cuerpo que no pudo ser identificado ya que estaba totalmente desmembrado y mutilado.

La homofobia británica tras este escándalo estaba en su punto más álgido y poco después estalló el escándalo del famoso escritor Óscar Wilde, quien en su novela *"El Retrato de Dorian Grey"*, hizo alusión al escándalo de la calle Cleveland Street, que provocó que fuera llevado a juicio por indecencia y declarado culpable cuya sentencia fueron dos años de prisión y trabajos forzados.

En 1886 salió a la luz una obra titulada *"Psychopathia sexualis"* (Psicopatía del sexo), obra del psiquiatra alemán Richard von Krafft-Ebing donde se trataba los desvíos sexuales en cuatro categorías:

- *Paradoxia*: deseo sexual experimentado en etapas de la vida equivocadas (infancia o vejez).

- *Anesthesia*: escasez de deseo.

- *Hyperesthesia*: deseo excesivo.

- *Paraesthesia*: deseo sexual sobre un objeto equivocado. Incluye el sadismo, la homosexualidad, fetichismo, masoquismo y pederastia.

Krafft-Ebing creía que el objetivo del deseo sexual era la procreación, y que cualquier forma de deseo que no tuviese como fin último la misma, era una perversión. La violación, por ejemplo, era un acto aberrante, pero no una depravación, ya que de ella podría derivarse el embarazo. Como el acto sexual entre el mismo sexo nunca puede llevar a la procreación de la especie, se trata de una forma aberrante de placer, llevada a cabo por seres aberrantes que deben ser castigados sin piedad. Todo acto cuya finalidad no fuera engendrar una nueva vida no podía ser tolerada, admitida ni aprobada. Entre estos actos se encontraba las relaciones homosexuales y lésbicas y habría que tomar medidas para estas personas como la esterilización y castración. La *"Psicopatía Sexualis"* de Krafft-Ebin representa todo un catálogo de perversidades donde el lesbianismo clínicamente es tildado de una práctica inmoral, depravada, y una enfermedad.

A finales del siglo XIX una ninfómana era una mujer con ardientes impulsos sexuales perversos que había que perseguir y condenar. En cambio, el exhibicionismo, acto que realizaban exclusivamente los hombres, era considerado una acción donde un hombre, de vez en cuando y con unas copas de más, realizaba por un impulso irrefrenable de mostrar sus genitales a las damas.

Cuando era un hombre quien era pillado en un burdel homosexual o enseñaba públicamente sus genitales a las mujeres, eran actos que había que ocultar o simplemente dejar pasar. Cualquier acción cometida por una mujer ya sea de lesbianismo, adulterio, masturbación, exhibicionismo... había que perseguir y condenar.

Lo ocurrido en el burdel de la calle Cleveland de Londres es muy parecido a lo que sucedió en España en el año 1995, donde un escándalo de grandes proporciones sacudió a la sociedad donde se descubrió relaciones homosexuales en un bar gay de Sevilla llamado *"Arny"*. Si en la casa de lenocinio londinense estaban implicados jóvenes menores que vendían su cuerpo a aristócratas, en *"Arny"* los implicados eran famosos y personalidades públicas.

Todo empezó cuando un joven menor de edad presentó una denuncia asegurando que fue inducido a la prostitución homosexual en los bares *"Arny"*, *"Valentino"* y *"27"*. La policía empezó a investigar y vigilar estos locales durante casi un año. La lista de acusados era de medio centenar, nombres que vieron la luz tras filtrarse a la luz pública, lo que provocó un auténtico boom mediático. Tras el juicio, todos los acusados fueron declarados inocentes excepto el dueño, el encargado, trabajadores del pub y el Marqués de Sotohermoso.

El caso parecía una caza de brujas por ser homosexuales. Los implicados, donde se demostró que algunos ni siquiera habían ido nunca al pub, vieron perjudicada seriamente su imagen pública. Los homosexuales y lesbianas han sido y son perseguidos desde el principio. En los últimos años ha emergido con fuerza y notoriedad la figura de los transexuales, los últimos en unirse al escarnio y rechazo público generalizado en la sociedad.

Antes del *"Arny"*, ya en el año 1962 hubo la primera redada contra un pub en suelo español. Que Brian Epstein y John Lennon fueran a Torremolinos no era casual. Durante la época franquista, la Costa del Sol se convirtió en el primer destino gay de Europa. Aunque la homosexualidad en España en la década de los sesenta era muy perseguida y penada, Torremolinos era una especie de territorio dentro de España exento de la persecución policial y de la justicia contra los homosexuales y lesbianas. En dicha localidad se abrió el *"Tony's Bar"*, de indiscutible clientela gay que sufrió en 1972 una redada cuyo resultado fue encerrar a todos los homosexuales posibles.

En una entrevista realizada por la periodista Bea Téllez de Meneses para la revista *"Lecturas"*, uno de los hombres implicados en el caso

*"Arny"*, el presentador Jesús Vázquez, respondió a las preguntas de la periodista después de años de silencio. Estas persecuciones y juicios paralelos que sufren homosexuales, lesbianas, bisexuales, transexuales... supone para los agredidos un auténtico infierno que nadie debería pasar por el simple hecho de no ser heterosexual.

En dicha entrevista, el presentador decía: *"Es una de las historias más negras y sórdidas de la historia de la sociedad y justicia españolas. Nos acusaron de abusos sexuales a menores cuando yo jamás había estado en el Arny ni en ningún otro local de los implicados. Se trató de una caza de brujas contra los homosexuales. Fue el último intento de las cavernas, las fuerzas reaccionarias y el poder homófobo para asestar un golpe a la libertad y la tolerancia, donde cada uno tenga su opción sexual. Tuve que dejar de trabajar y estuvieron a punto de lincharme. Aquello me costó casi la vida. Jamás había estado en ese local y no conocía a nadie de quien me hablaba, ni a los dueños. Sentí una impotencia terrible. En cuanto saltó la mentira tuve que dejar de trabajar, estuvieron a punto de lincharme en un pueblo en el que actuaba. Temí seriamente por mi integridad física ya que se generó una ola de intolerancia apoyada por la ignorancia. Lo poco que tenía ahorrado lo gasté en abogados esperando a que me sacaran de aquella mentira para rehacer mi vida".* Jesús Vázquez quiso dejar claro: *"No es un delito ser gay"*.

Lo que realmente debe ser considerado un delito es pensar y creerse seriamente que ser homosexual, lesbiana o transexual es una abominación genética, una aberración de la naturaleza, una deformidad, una inferioridad, una tara o cualquier otra acepción que no sea la de una persona cuya sexualidad es "X". Y esto que para muchos heterosexuales es así, desde el nacimiento del ser humano, en cada época, cada cultura, cada imperio, cada religión, cada siglo y cada milenio, no ha sido de esta manera. Y esto debe ser una máxima en las mentalidades de quienes vivimos esta época y las próximas generaciones. Y esto no es un asunto o un pensamiento que haya que debatir, no es filosofía, es lógica, es razón, es humanidad, es educación, es respeto, es igualdad.

Porque el verdadero problema del Tony's Bar y Arny es que su clientela era homosexual, porque cuando se hacen redadas en prostíbulos y burdeles donde prácticamente el 100% son relaciones heterosexuales y el cliente es el género masculino, las detenciones se realizan a los dueños o a las mismas prostitutas. En estos casos no interesa quién es el cliente.

En la Alemania Nazi, aquellas mujeres que eran pilladas con otras mujeres debían llevar sobre su pecho la insignia del triángulo negro (asociales) dentro de los campos de concentración, el color que los nazis adjudicaban a los socialmente desajustados, y dentro de esta categoría entraba cualquier mujer que desafiara las normas. Su crimen era su propia existencia. Lo peligroso no eran las lesbianas, sino las mujeres, su sexo, su independencia. Cualquier marido podía denunciar a su esposa por lesbiana, prostituta, no cumplir con sus deberes de buena alemana. Cualquier mujer no casada, que no tuviera hijos, que fuera promiscua o lo pareciera, era sospechosa, si no culpable. El crimen era ser mujer en una sociedad misógina, ser lesbiana un agravante, una circunstancia más.

Los homosexuales eran marcados con un triángulo rosa. Los nazis manifestaban que las lesbianas eran un grupo muy reducido de mujeres difíciles de detectar. En muchos países no existían leyes concretas contra las lesbianas ya que la homosexualidad englobaba todo. En el III Reich cualquier grupo minoritario estaba expuesto a su desaparición y exterminio. A los nazis el lesbianismo no les suponía un gran problema por dos motivos fundamentales:

1. - Negaban la práctica y existencia de ello.

2. Si hubiera algún caso excepcional, fuera cual fuera su tendencia sexual, su obligación era servir al Führer, ser madre y esposa.

En mayo de 2008 se inauguró en Berlín un monumento a homosexuales y lesbianas víctimas del régimen nazi, impulsado por el alcalde, públicamente declarado homosexual, Klaus Wowereit. En Alemania, la homosexualidad entre adultos no dejó de estar penalizada hasta 1969, tras las reformas impuestas en 1968. En 1990, la Organización Mundial de la Salud (OMS) retiró estas tendencias sexuales de la lista de enfermedades psicológicas.

En 2013, Tel Aviv inauguró un monumento en honor a las víctimas LGBTQ del Holocausto, el primero del país que conmemoraba a víctimas tanto judías como no judías. El monumento, ubicado a las afueras del Centro de la Comunidad LGBTQ en Gan Meir (parque Meir), consta de tres bancos rosas que forman un triángulo. El triángulo rosa, con el que se identificaba a los hombres gais en los campos de concentración nazis, ha sido reclamado como símbolo del orgullo, la resiliencia y la resistencia LGBTQ. Cada banco tiene inscripciones en hebreo, inglés y alemán: *"En memoria de los perseguidos por el régimen nazi por su orientación sexual e identidad de género"*.

La función primordial de una mujer alemana en el nazismo era la de perpetuar el linaje ario. Los nazis concebían a las mujeres como seres inferiores, cuya dependencia de la figura masculina era total. Durante todo el régimen, únicamente ocho mujeres fueron juzgadas como lesbianas. Esto muestra el silencio, miedo y sumisión que el poder político, la sociedad y mentalidad ejercía sobre las mujeres, Si sólo existen ocho casos de mujeres lesbianas en el III Reich, significa que miles de mujeres han vivido en contra de su sexualidad, han tenido que mantener relaciones sexuales con hombres, han tenido que estar calladas seguramente sumidas en el desasosiego, tristeza e impotencia y que, en la única vida que tienen, no han podido vivirla libremente.

La primera revolución y manifestación pública para cambiar el estado de opresión, persecución e incomprensión de la comunidad homosexual surgió en San Francisco. Esta ciudad fue el germen de la lucha por la igualdad sexual y los derechos de la comunidad LGTB. Todo empezó en el Distrito de Castro, un barrio situado en el Valle de Eureka en San Francisco. El Castro, como se le conoce comúnmente a este barrio, fue uno de los primeros barrios gay de Estados Unidos y el símbolo del activismo social y del movimiento de homosexuales, lesbianas, bisexuales y transexuales en el mundo. En el año 1963 abrió sus puertas el primer bar gay de la zona, llamado *"Missouri Mule"*. Miles de personas se trasladaban a San Francisco en busca de un lugar donde poder ser uno mismo, sin esconderse, libre.

Una de estas personas se llamaba Harvey Milk, quien se convertiría en el gran impulsor del movimiento por los derechos de los homosexuales. Fue la primera persona declarada homosexual en acceder a un cargo público en Estados Unidos, consiguiendo importantes avances en las libertades y derechos de la comunidad LGTB. Toda lucha que uno empieza teniendo a la amplia sociedad en contra, tiene un coste muy alto como es la vida. Al igual que Martin Luther King como figura y eje de los derechos de los negros, Harvey Milk terminó siendo asesinado en el año 1978.

Se calcula que 1 de cada 4 habitantes de San Francisco pertenecen a la comunidad LGTB. En 1978 se creó la *San Francisco Lesbian/Gay Freedom Band*, la primera organización musical de orientación gay en el mundo que promueve la visibilidad de las comunidades de lesbianas, homosexuales, bisexuales, transgénero e intersexuales, y el *San Francisco Gay Men´s Chours*, primer coro gay del mundo. En ambas formaciones, cualquier heterosexual puede formar parte. Esto es impensable en formaciones y coros a lo largo de la historia donde la condición de ser homosexual cerraba todas las puertas y las únicas que se abrían eran las del calabozo o las del infierno.

El sexólogo británico Havelock Ellis definía el lesbianismo a finales del siglo XIX como *"la inversión sexual de una mujer con cierto grado de masculinidad que se aprecia en su mirada, forma de caminar, su forma de comportarse y su audacia, que denotan una clara anormalidad psíquica subyacente".* Las lesbianas eran vistas médicamente como auténticas enfermas mentales y lo dice un "experto" que en su círculo y entorno privado dudaban de sus facultades y conocimientos reales sobre sexología siendo impotente. Ya en una edad avanzada, Havelock Ellis descubrió que podía tener erecciones y placer sexual cuando observaba a una mujer miccionando. Al ser un hombre y con la mentalidad que tenía, este placer que él sentía cuando veía a mujeres orinando lo veía como normal y que dos mujeres mantuvieran relaciones sexuales entre ellas lo veía como salvajismo y aberración. Así que tuvo que darle una palabra a este placer y lo denominó *"urolagnia"*, cuya práctica es conocida vulgarmente como lluvia dorada.

Las lesbianas eran catalogadas como enfermas mentales al igual que quienes sufren trastornos depresivos, ansiedad, estrés, fobias o depresión. Si las personas en todo el mundo que sufren estos trastornos fueran catalogados como una forma de actuar y pensar contra natura, una aberración y hubiera que perseguirlas, oprimirlas, estigmatizarlas, señalarlas, acusarlas y castigarlas, prácticamente toda la población del planeta estaría en serio peligro.

Los estudios psiquiátricos que se realizaban a mujeres lesbianas a finales del siglo XIX y parte del siglo XX se realizaban en manicomios criminales. Una de las conclusiones de esos estudios es que las lesbianas eran una especie de prostitución degenerada. Por este motivo, la única cura para revertir la situación a las prostitutas y lesbianas era extirpar los genitales, el electroshock o la lobotomía.

Hasta mediados del siglo XX, eran ingresadas y se las extirpaba el útero, los ovarios, el clítoris o una parte del cerebro prefrontal. Homosexuales y lesbianas eran cobayas humanas con quienes se experimentaban fármacos, terapias invasivas, tortura, amputaciones... A mediados del siglo XX ya no sólo eran perseguidas por su condición sexual sino que en Estados Unidos también se las acusaba de comunistas y personas peligrosas. El gobierno lanzaba mensajes a la población para que los denunciaran ya que se trataba de enfermos que podían herir a nuestros hijos. Se colgaban carteles en los barrios para alertar a la población, y la policía recibía orden explícita de arrestarlos para poder limpiar la calles de desviados. Los vecinos cuando descubrían que alguien era homosexual o lesbiana, lo apedreaban y apaleaban porque socialmente estaba bien visto y respaldado por las autoridades que uno actuara de esa forma.

La intolerancia parece no incomodar a nadie.

Se hacían campañas en medios de comunicación y escuelas para prevenir el lesbianismo. Todo eran proclamas contra el lesbianismo y la homosexualidad, se alentaba a señalar públicamente, a agredir con el consentimiento de la sociedad y a advertirte que si lo eras, es porque no eras un ser humano normal sino alguien diabólico y perverso que había que extirparse de la sociedad. Esto generó, lógicamente, miedo a ser descubierto y autoculpabilizarse por sentir de esa manera. Estas mujeres se autocompadecen de sí mismas y se empiezan a ver en el espejo como la sociedad las ve, sufriendo de falta de identidad, depresión, infelicidad y culpa.

Los libros que se escribían sobre homosexualidad si querían ser publicados tenían que condenar dicha desviación sexual. Esto significaba que los personajes que fueran lesbianas debían manifestar conductas impropias de las mujeres, aspecto y apariencia física ruda, poco femeninas, insanas, negativas... Las mujeres lesbianas estaban acorraladas y sin un altavoz de protesta porque carecían de cualquier mínimo respaldo político y social.

Pero como todo a lo largo de la historia, si no tomas la decisión de protestar, expresarte libremente, defender tu identidad e ir en contra de la opresión a la que estás sometido, lo más probable es que seas exterminado. Porque cuando alguien inicia ese camino, sus huellas serán pisadas por unos pocos, y esos pocos arrastrarán a un grupo más amplio. Al final, el camino debe hacerse más grande para dejar transitar a toda esa gente.

En España, el primer atisbo real para que las mujeres dieran un salto cualitativo y cuantitativo en liberarse de sus grilletes y poder expresarse libremente se dio con la II República (1931-1936). Se revisaron todas las leyes excluyentes y discriminatorias y se modificaron. Se aprobó el sufragio a las mujeres, derecho al divorcio, se eliminó el privilegio jurídico y se reconoció el principio de igualdad y de los derechos de las mujeres, posibilidad de tutelar menores e incapacitados, ejercer la patria potestad sobre los hijos menores en caso de viudedad o no sufrir un castigo mayor que un hombre por cometer adulterio.

Con la llegada de la dictadura franquista todas estas leyes cambiaron y se dictaron otras nuevas que legitimaban la censura, represión, detención, encierro, tortura y ejecución mediante la *"Ley de Vagos y Maleantes"* y la *"Ley de Peligrosidad y Rehabilitación Social"*. Si bien la ley de vagos y maleantes se creó durante la II República en el verano de 1933 para intentar luchar contra los proxenetas, explotadores de menores, toxicómanos, delincuentes reiterativos, falsificadores y timadores, para crear un ambiente social mucho más seguro y una mejor convivencia, el franquismo incluyó en esta ley a homosexuales, lesbianas, comunistas y personas en contra de la ideología franquista. La Ley de Vagos y Maleantes pasó de ser una ley en favor de la convivencia donde se intentaba evitar penas y encarcelar a la gente por el simple hecho de cometer un delito leve y cuyo objetivo principal era educar a estas personas a actuar correctamente y no aprovecharse de las personas en su propio beneficio bajo actos de dudosa moral, a ser una ley donde todos eran detenidos sin defensa alguna, encarcelados, interrogados, maltratados y torturados. Se utilizó como una herramienta de represión contra todo aquello en contra del régimen.

Si bien el origen tuvo lugar durante la república, su objetivo era la prevención del crimen e infracciones, ya que existía un número muy alto de delitos en España a principios de la década de los treinta. Como dicha ley había que llevarla al parlamento para su aprobación, los partidarios y simpatizantes de la derecha no estaban de acuerdo con esta ley y se tuvo que incluir varias enmiendas para hacerla del agrado de la derecha. Uno de los implicados en escribir esas modificaciones fue Luis Jiménez de Asúa, quien dijo: *"La mayoría de las modificaciones introducidas son negativas y han convertido la ley en mucho más dura, menos flexible, más incongruente y mucho menos elegante que el proyecto inicial".* La ley presentada por los republicanos era mucho más preventiva y laxa que la ley que finalmente se aprobó debido a las presiones políticas. En esas enmiendas se añadía al texto original a los mendigos, ebrios, toxicómanos y maleantes.

Al tratarse de una ley aprobada en época republicana, los antirepublicanos siguen sosteniendo que todo el peso y la culpa de dicha ley debe recaer en las espaldas de la izquierda, que fueron quienes aprobaron y crearon una ley antidemocrática de izquierda radical. El presidente de la II República Alcalá-Zamora, dijo: *"Los problemas surgidos por la Ley de Vagos y Maleantes no provienen de la ley en sí, sino del barrenamiento que durante el bienio de 1933 al 1935 se hizo de su espíritu y de su letra"*. La ley que se creó con una iniciativa de convivencia, tras todas las modificaciones sufridas para su aprobación, y sobre todo, la ejecución y aplicación que se hizo de ello posteriormente, llevó a Luis Jiménez de Asúa y a la izquierda a protestar al Frente Popular para propugnar su derogación. Los republicanos e izquierdistas no podían ni imaginarse en ese momento que una de las leyes que más orgullosos estaban durante su redacción, se convertiría en lo que fue y supondría una de las más represivas del régimen franquista.

El 15 de julio de 1954 pasa a ser oficialmente una ley represiva en contra de homosexuales, transexuales y lesbianas, estableciendo desde multas elevadas hasta penas de cinco años de internamiento en cárceles o centros psiquiátricos. Este grupo de personas eran arrestados simplemente por su condición sexual, amaneramiento o conducta inapropiada. Se les recluían en manicomios o en prisiones para aislarlos de la sociedad. No tenían ningún tipo de defensa ni derechos ni acceso a indultos, libertad condicional o reducción de penas, porque se trataba de personas donde no existía la presunción de inocencia. Eran culpables de su sexualidad. Para que no mantuvieran relaciones sexuales con otros reclusos, los homosexuales activos eran enviados a la prisión de Huelva y los pasivos a Badajoz. Ya fuera en centros psiquiátricos o en prisión, se intentaba "invertir" su condición sexual para "curarles". En dichas terapias de aversión se procedía a todo tipo de salvajadas aberrantes como descargas eléctricas, mutilaciones y torturas.

La homosexualidad y el lesbianismo eran un peligro real para la mentalidad franquista, así que se designa a dos famosos psiquiatras afines a la dictadura la tarea de invertir a estas personas, estudiar su comportamiento y su mente para averiguar de dónde procede su enfermedad y poder encontrar una cura. Antonio Vallejo-Nágera y

Juan José López Ibor empiezan a estudiar la homosexualidad y la intersexualidad. No sólo Vallejo-Nágera estudiaría el comportamiento de los invertidos sexuales sino también buscaría una respuesta para saber de dónde procede en el cerebro y la psique la razón por la que una persona se hace comunista o marxista.

Antonio Vallejo-Nágera dirigió en 1938 un estudio sobre los prisioneros de guerra republicanos para determinar qué malformación llevaba al marxismo. Estaba convencido de poder encontrar el "gen rojo". En dicho estudio, aseguró que las mujeres republicanas tenían muchos puntos en común con los animales, además de tener sentimientos patológicos. Tal era el extremo de la gravedad de las mujeres lesbianas y comunistas que aconsejó crear un Cuerpo General de Inquisidores. La conclusión a la que llegó fue:

> *La idea de las íntimas relaciones entre marxismo e inferioridad mental ya la habíamos expuesto anteriormente en otros trabajos. La comprobación de nuestras hipótesis tiene enorme trascendencia político social, pues si militan en el marxismo de preferencia psicópatas antisociales, como es nuestra idea, la segregación de estos sujetos desde la infancia, podría liberar a la sociedad de plaga tan terrible.*
>
> *La inferioridad mental de los partidarios de la igualdad social y política o desafectos: «La perversidad de los regímenes democráticos favorecedores del resentimiento promociona a los fracasados sociales con políticas públicas, a diferencia de lo que sucede con los*

> *regímenes aristocráticos donde sólo triunfan socialmente los mejores».*
>
> *El imbécil social incluye a esa multitud de seres incultos, torpes, sugestionables, carentes de espontaneidad e iniciativa, que contribuyen a formar parte de la masa gregaria de las gentes anónimas.*
>
> *A la mujer se le atrofia la inteligencia como las alas a las mariposas de la isla de Kerguelen, ya que su misión en el mundo no es la de luchar en la vida, sino acunar la descendencia de quien tiene que luchar por ella.*

De estas palabras, se creó la obra *"Las 50 mariposas de la Isla de Kerguelen"*, un canto a la memoria, una búsqueda en el recuerdo perdido, una construcción dramática documental que trata de reconstruir el horror vivido en la cárcel de Málaga sobre los experimentos de eugenesia de la raza practicados por Vallejo-Nágera a cincuenta presas republicanas en el año 1939. El número del título, hace referencia a las 50 mujeres que fueron sometidas a una serie de interrogatorios con el fin de encontrar las raíces del marxismo o el gen rojo. Algunas de las preguntas que se las hicieron, fueron: *"¿A qué edad perdiste la virginidad? ¿Has tenido relaciones sexuales con personas de tu mismo sexo? ¿Has sido infiel? ¿Tienes algún pariente que haya sufrido alcoholismo o alguien que se haya suicidado?"*

Vallejo-Nágera quería demostrar que las mujeres lesbianas o comunistas sufrían de algún tipo de virus que era necesario extirpar. Las consideraba analfabetas, dementes, ninfómanas y genéticamente taradas. Los hombres también formaron parte de estos estudios, a los que se les tachó de débiles mentales. El régimen franquista hizo uso institucional de las teorías eugenésicas para denigrar y descalificar el bando perdedor en la guerra y para justificar la represión.

Una de las conclusiones a las que llegó, fue la imperiosa necesidad de separar a las madres de sus hijos cuando los pequeños tuvieran entre tres y cinco años. Esto dio origen al caso de los niños robados en España.

Antonio Vallejo-Nágera era la versión española de las confluencias ideológicas del Dr. Menguele y de Heinrich Himmler, en busca de un gen inexistente solamente en su cerebro y su paranoia. La eliminación de homosexuales, transexuales y lesbianas así como la restauración de la Inquisición para perseguir y juzgar a quienes corrompían la raza española.

Afirmar que existe un gen rojo tiene la misma base científica que afirmar la existencia de un gen de extrema derecha y fascista. Sus ideas nacionalsocialistas de la alemania nazi se empezaron a cimentar en 1917 cuando fue enviado a la Embajada de España en Berlín para estudiar y aprender las teorías eugenésicas nazis. Allí estuvo hasta el año 1930, y durante la Guerra Civil, se convirtió en el máximo dirigente de los Servicios Psiquiátricos del franquismo, donde puso en práctica las teorías que aprendió en Alemania.

Entre sus conclusiones, el "eminente" psiquiatra afirmaba que existe un gen rojo que hace enfermar a las personas, y como personas enfermas que son, no deberían tener hijos porque nacerían enfermos y con una tara que contamina el ideario puro de la raza española. Los invertidos y rojos eran infrahumanos, más cerca de los animales que del ser humano, cuya cura es muy complicada por no decir imposible en un amplio porcentaje de esta población, por lo que era mejor dejarles morir. Tras estos pseudoestudios estaba la Gestapo (policía secreta nazi). Parte de los experimentos realizados por la Geheime Staatspolizei en los campos de concentración nazis se habían iniciado en España bajo la supervisión de la misma Gestapo, siendo Vallejo-Nágera uno de sus mejores aliados.

El racismo y el odio se expandió como una pandemia entre aquellos que apoyaban al régimen franquista y los rojos. Quienes estaban del lado de Franco se creían una raza superior, una raza que consiguió grandes hitos históricos para España como fue la conquista de América. Por este motivo, la fiesta de la Hispanidad que se celebra cada 12 de octubre, en la época dictatorial se conocía como *"El día de la Raza"*.

Vallejo-Nágera plasmó toda su ideología en el libro *"Eugenesia de la Hispanidad y regeneración de la raza"*. Estaba convencido que había que eliminar cualquier impureza de la raza española, y si las consecuencias eran la eliminación de los débiles, sería un precio que había que pagar. Era mejor tener una población más reducida pero pura que mucha población y enferma (llena de rojos, marxistas, homosexuales, lesbianas, transexuales y mujeres enfermas). Pensaba que las mujeres eran ineptas y estúpidas, cuya función debía ceñirse exclusivamente a las tareas del hogar y satisfacer al hombre puro. Las mujeres carecían de la capacidad necesaria para leer y no estaban facultadas por naturaleza para instruirse ya que carecían de la inteligencia mínima para ello. La mujer era un ser vulnerable y muy proclive a ser atraída por las malas acciones y pensamientos. No es aventurado afirmar que Antonio Vallejo-Nágera era para España lo que Heinrich Himmler para Alemania.

Se empezaron a realizar arrestos masivos en todo el territorio nacional. Miles de republicanos/as al ver lo que se acontecía sobre ellos decidieron salir del país. Fueron a los puertos de Valencia y Alicante donde presuntamente iban a salir barcos hacia Francia y Argentina. Jamás llegaron a salir. Empezaron a ser encarcelados, no por haber cometido delitos de sangre, sino por su ideología política contraria al régimen. En prisión, a las mujeres se las despojaba de todo y no se las daba de comer ni beber apenas. Los hijos pequeños que se alimentaban de la leche materna empezaban a quedarse sin su fuente de comida ya que las madres, debido a la falta de alimentos, únicamente sangraban por los pezones. Las cárceles se llenaron y estaban masificadas de personas, así que se tomó la determinación de trasladar a una amplia mayoría a otras ciudades. Al igual que sucedió en Alemania con los trenes de la muerte cuyo destino eran los campos de concentración de Auschwitz, Belzec, Dachau, Gross-Rosen, Sobibor o Treblinka, fueron introducidas en vagones para ganado porque eran consideradas animales. A muchas mujeres se las marcó con un hierro candente en su pecho izquierdo el símbolo de la Falange, el yugo y las flechas, igual que se marca a las reses.

El viaje en los trenes de la muerte españoles llegaban a durar una semana. Sin bajarse en ningún sitio, siete días al sofocante calor del día, sin apenas agua ni comida. Solamente se les daba una sardina salada para todo el día, lo que incrementaba las ganas de beber. Muchos niños/as cuyas madres estaban en el vagón junto a ellos empezaron a morir, desnutridos, débiles y sin nada que llevarse a la boca. Durante el trayecto y en cada amanecer, había más cadáveres que no podían ser sacados de los trenes porque las puertas únicamente se abrirían en el destino, en las prisiones o campos de concentración. Las necesidades fisiológicas se hacían en el vagón, el hedor de los orines y excrementos mezclados con la muerte era todo el aliento de esperanza que inhalaban aquellas mujeres.

Se crearon campos de concentración donde se experimentaba con republicanas, se las separaba y catalogaba siendo el grupo más peligroso y enfermo las mujeres marxistas catalanas. Misógino, racista, pseudocientífico y homófobo, Vallejo-Nágera se había convertido en el verdadero azote de republicanas, lesbianas, transexuales, homosexuales, mujeres y niñas. La única forma de poder corregir a tiempo las taras que convertían a estas mujeres en animales era en edades muy tempranas porque se trataba de enfermedades congénitas y hereditarias. Esto significaba que si eras republicana o marxista, el hijo/a que naciera de tu vientre ya vendría con el gen rojo porque el ideario marxista sólo era asimilado por deficientes mentales.

Se dio la orden de arrebatar a sus madres todos los neonatos nacidos de madres de dudosa moral, sin hogar, repudiadas... La iglesia tuvo un papel muy activo en esta tarea. Los neonatos eran dados a parejas y matrimonios afines al régimen, aquellos que no poseían el gen rojo y podían bajo su techo, educación y pureza, conseguir que esa vida recién nacida no fuera un enfermo el resto de su vida. En los miles de robos que hubo durante la dictadura estuvieron implicados directamente la falange, la iglesia y el Ministerio de Justicia cuya misión era recoger a todos los hijos de los asesinados, encarcelados o desaparecidos. En el año 1943 los hijos de presos bajo tutela del Estado eran 12.043. A esta cifra habría que sumarle los robados en instituciones religiosas, hospicios, hospitales o en sus propias casas. Los niños/as con el gen rojo debían ser vigilados y controlados para que sus instintos animales no afloraran y para ello era necesario la intervención del Estado y la inteligencia masculina.

En el barrio donde nací y crecí, Barrio del Pilar (Madrid), hay una zona llamada Peña Grande donde está ubicado el colegio Isaac Newton. Este colegio se inauguró sobre los cimientos y las paredes de un centro tenebroso, oscuro, misterioso y lleno de secretos que era la antigua maternidad Nuestra Señora de la Almudena.

Este centro albergaba a mujeres solteras embarazadas que querían mantener en el anonimato su estado de gestación. Tuvo mucha actividad en la década de los setenta, con cientos, miles de mujeres y chicas menores de edad que pasaban a formar parte del centro, de habitaciones frías y del silencio existente entre aquellas paredes. Un centro alejado por aquel entonces de toda actividad social y de miradas furtivas. Entre sus paredes, las mujeres que controlaban y trabajaban en el centro eran religiosas, vírgenes, devotas a Dios que se enclaustraron en este centro para ser partícipes de la vida de madres solteras que no querían y no podían exponer públicamente su embarazo.

Pero lo que ocurría allí dentro distaba mucho de la realidad. Muchos niños nacidos fueron arrebatados de sus madres dándolos en adopción en contra de los deseos de la madre. Hubo llantos, lágrimas, sangre.... Muchas eran tratadas de impías, demoníacas, incluso de necesitar exorcismos por ir en contra de la palabra de Dios y de su fe así como de ideología política de izquierdas.

No se sabe con seguridad qué ocurrió con muchos niños que fallecieron y madres que perdieron la vida en el parto. Todo era muy extraño. Aún hoy, son muchos adultos los que se encuentran con la noticia que son adoptados y nacieron en este tenebroso centro. Tanto es así que apenas hay fotografías o documentos sobre el lugar, todo desapareció en incendios "inexplicables" o en circunstancias extrañas.

Lo que es evidente, es que un centro cuya finalidad era ser dador de vida, en servir como una institución segura para madres, actuaba entre las sombras, con sigilo y nocturnidad, actuando como un presidio de difícil acceso y donde la muerte y rituales esotéricos eran algo muy normal. Un lugar que en vez de ofrecer calor y humanidad desprendía un frío desangelado, olía a muerte, se palpaba el mal y entre el silencio de la noche se podían escuchar llantos de bebé que procedían de estancias vacías, se escuchaban gritos de madres descorazonadas que provenían de pasillos, del tanatorio, de la capilla, del paritorio o del quirófano.

Había muchas cunas vacías, incomprensible en un lugar donde el parto era muy común. La campana que allí había sonaba cuando una vida era embargada, los muñecos y muñecas que servían como distracción a los bebés estaban mutilados y con aspecto del más allá, impropio para ser un juguete de divertimento. Estos centros se expandieron por todo el territorio nacional y eran conocidos como lugares de Auxilio Social, una organización de socorro humanitaria que se convirtió en un medio de propaganda política del régimen.

Tras la II República y la entrada de la dictadura, los cambios acelerados que se iban insertando en la sociedad provenían de la Alemania del III Reich. Los nazis crearon la *"Lebensborn"* (fuente de vida), organización cuyo objetivo era expandir la raza aria. Su objetivo y finalidad era convertirse en hogares de maternidad y asistencia para las esposas de los miembros de las SS y a madres solteras. Tanto en la Alemania nazi como en la España franquista, el verdadero objetivo de estos centros era crear niños y niñas puros inculcándoles la ideología nacionalsocialista y, sobre todo, plantar la semilla en la mente de los niños para que germinara un odio extremo a los comunistas, republicanos y la izquierda. Lebensborn se enfocaba más en ser centros de verdaderos nazis, hijos e hijas de la SS que estaban casados con alemanas puras. En España, se robaba a los niños/as para curarlos del gen rojo y convertirlos en franquistas y enemigos del comunismo. Los nazis también robaban miles de niños a los matrimonios polacos para ser sometidos a la germanización de sus mentes, pero estos niños no pertenecían a Lebensborn y eran destinados a campos de reeducación y dados en adopción a matrimonios nazis.

El primer centro Lebensborn fue inaugurado en 1936 en Steinhöring (Múnich). Llegó a expandirse por Noruega, Polonia, Luxemburgo, Dinamarca, Austria, Holanda, Bélgica y Francia. Las mujeres alemanas con rasgos arios (piel clara, rubias, ojos azules...) se convirtieron en incubadoras del esperma de oficiales de la SS. Como todo lleva su ciclo y su tiempo, Heinrich Himmler necesitaba acelerar el flujo de niños/as para incrementar la población aria y conseguir una expansión por Europa y por el mundo más rápida, así que ordenó el robo masivo de bebés en Polonia, Checoslovaquia, Ucrania y Francia. Más de 200.000 niños fueron secuestrados por los nazis, arrebatados de sus madres. Cuando llegaban a los campos de concentración para niños, pasaban un reconocimiento médico, más visual que otra cosa, para saber si eran aptos. No ser considerado apto significaba la sentencia de muerte.

Para los nazis, la familia perfecta debía tener mínimo cuatro hijos. Heimrich Himmler recomendaba a sus oficiales de la SS que mantuvieran relaciones fuera del matrimonio. Las mujeres eran vistas como gestadoras del gen ario, cuya misión primordial era concebir hijos, cuantos más mejor, y estar en casa para cuidarlos y perpetuar la raza aria.

Las violaciones eran una práctica diaria en los regímenes dictatoriales. En España las mujeres eran sometidas a constantes abusos sexuales en prisiones y comisarias. Muchas, condenadas a muerte, cuando se conocía que estaban embarazadas y se sabía que el padre no podía ser nadie que portara el gen rojo porque estaban encerradas y sólo tenían acceso a ellas las fuerzas del orden policial y político, se posponía la ejecución hasta que diera a luz. Una vez el bebé nacía, la madre era ejecutada y el niño se daba en adopción a familias falangistas o simpatizantes del régimen.

Hay miles de niños y niñas españoles que no saben quién es su madre biológica, y si fueron robados desde muy temprana edad, desconocen quiénes son sus padres y qué fue de ellos. Se puede hablar sin ninguna duda de un holocausto español. La gran diferencia con el judío era que los nazis tenían un enemigo declarado que era externo y en España el enemigo eran compatriotas, amigos, vecinos, familiares, compañeros, donde los más perjudicados y damnificados fueron las mujeres, niños y niñas. 200.000 personas fueron asesinadas y ejecutadas lejos del frente de batalla. Esto significa que la gran mayoría eran mujeres y niños.

En Madrid se creó la cárcel de mujeres y niños de Ventas. Fue construida durante la II República en el año 1931 para que fuera una prisión modelo donde las mujeres pudieran estar al lado de sus hijos en unas condiciones de habitabilidad, higiene, alimentación y cuidados dignos, acorde con los derechos humanos. Esto se hizo porque antes de la república, las mujeres vivían hacinadas en prisiones en unas condiciones infrahumanas. La obra e idea se gestó en la mente de la republicana malagueña Victoria Kent, la primera mujer del mundo que ejerció como abogada ante un tribunal militar. El objetivo de Kent era dignificar la condición de la mujer reclusa de cara a su reinserción.

La cárcel de Ventas estaba preparada para 500 reclusas, pero en 1939, Franco lo convirtió en una prisión para más de 4000 mujeres. El hacinamiento era tan evidente que para aligerar la carga que soportaba la prisión, se las fue fusilando con más asiduidad.

Las niñas de las madres que se iban ejecutando eran enviadas a Auxilio Social para liberarlas del gen rojo y darlas a matrimonios no comunistas. El terror de todas las mujeres encerradas por sus ideales políticos en la cárcel de Ventas se llamaba María Topete. ¿Qué delito había que cometer para entrar en esta prisión? Los delitos eran pertenecer a la izquierda, ser republicana, comunista o ser esposa, hermana, hija, madre o abuela de hombres que luchaban contra el régimen.

María Topete era la directora de la Prisión de Madres Lactantes de Madrid. Su objetivo era impedir que los niños mamaran la leche comunista. Para ello, tenía a los niños y niñas todo el día en el patio, sin importar las condiciones meteorológicas. Sin ninguna preparación que la habilitara para este trabajo que consiguió por su fidelidad a

Francisco Franco y su anticomunismo extremista, se convirtió en la persona idónea de las ideas de Vallejo-Nágera. Fue una de las mayores contrabandistas de niñas que ha existido. El rapto y secuestro era legal por la Orden del 30 de marzo de 1940 que da la patria potestad al Estado. se convirtió en uno de los mayores negocios del régimen. Sólo la iglesia sabe exactamente a cuántas madres se les arrebató sus hijos e hijas. La Iglesia tiene todo en sus archivos.

Las miles de mujeres vejadas, maltratadas, violadas y a quienes se les arrebató aquello que más amaban, han sido silenciadas, y aquellas que sobrevivieron lo han tenido que hacer calladas, soportando el dolor más cruel.

Uno de los lemas de la dictadura era: *"El niño mirará al mundo, la niña mirará al hogar"*, para definir el rol del hombre y la mujer en la sociedad. Se trata de un ideario conservador, tradicional y patriarcal que impuso unas normas morales con el único fin de relegar a las mujeres al ostracismo social.

Al igual que el máximo responsable de la propaganda nazi, Joseph Goebbels, utilizaba los medios de comunicación para expandir el mensaje ario a través de la educación, panfletos, televisión, iglesia, prensa, instituciones, radio y cine, en España la hermana del fundador de Falange Española, Pilar Primo de Rivera, era la encargada de realizar las mismas tareas y funciones con el mismo objetivo.

Uno de los medios que utilizaba fue la revista *"Consigna"*, junto con la iglesia y la escuela. Fue una época de recesión en cuanto a libertades y derechos de la mujer y una total represión de género. Las mujeres eran marcadas, se las rapaba el pelo para que los vecinos y la sociedad supieran que eran pecadoras, impías, rojas y mentalmente enfermas.

Pilar Primo de Rivera era la delegada nacional de la *"Sección Femenina"*, rama femenina de la Falange. Decía: *"Si tu marido te pide prácticas sexuales inusuales, sé obediente y no te quejes. Si él siente la necesidad de dormir, no le presiones o estimules la intimidad. Si sugiere la unión, accede humildemente, teniendo siempre en cuenta que su satisfacción es más importante que la de una mujer. Cuando alcance el momento culminante, un pequeño gemido por tu parte es suficiente para indicar cualquier goce que hayas podido experimentar"*.

La mujer era un objeto y una pertenencia de los hombres y de sus maridos. Se las podía pegar y su obligación era agachar la cabeza, se las podía violar y su obligación era permanecer quietas y calladas, se las podía engañar con otras mujeres y su obligación era asumirlo, si el hombre quería sexo debían abrir las piernas, si querían vivir debían cerrar su mente.

La Sección Femenina obligó entre 1937 y 1977 a las mujeres a realizar el servicio social, que realmente era un servicio militar para adiestrar aún más a las mujeres así como servir de mano de obra en comedores, hospitales e instituciones del régimen. Se calcula que más de tres millones de mujeres se vieron obligadas a realizar el servicio militar femenino.

En la revista *"Consigna"* se explicaba detalladamente cómo ser una mujer ideal, cómo vestir, cómo comportarse... acciones enfocadas a la sumisión y al servicio de los hombres. El prototipo de mujer ideal para Pilar Primero de Rivera era aquella abnegada a su marido y las necesidades del régimen, calladas, sumisas, hogareñas, discretas y que supieran hacer todas las tareas del hogar, siempre disponibles hacia sus maridos, excelentes madres, fieles a la familia y a Franco. Llegó a decir sobre la mujer: *"Deberíamos dar gracias a Dios por habernos privado a la mayoría de las mujeres del don de la palabra. Las mujeres nunca descubren nada, les falta el talento creador reservado por Dios para inteligencias varoniles. La vida de toda mujer no es más que un eterno deseo de encontrar a quien someterse"*.

Los anuncios publicitarios que existían a mediados del siglo XIX eran la imagen gráfica del machismo y el patriarcado, de representar a la mujer como una esclava del hogar y del hombre, con textos y eslogan que transmitían un mensaje donde el hombre era superior y la mujer una pertenencia sumisa al servicio de los deseos, impulsos y placeres del sexo masculino.

*If your husband ever finds out (si tu marido alguna vez se entera).*

A mediados de siglo, la publicidad iba muy enfocada a las mujeres, quienes estaban en casa y el hombre era quien solía trabajar. Este anuncio sobre café, publicado en el año 1952, enviaba un mensaje de castigo si tu marido descubría que le estabas siendo "infiel" con un producto que le gustara y diera más placer que él. Si una mujer quería probar ese delicioso café, tenía que hacerlo sin que enterara su esposo porque éste se lo tomaría como adulterio debido al extremo placer que la causaría. Si esto sucediera, el marido la azotaría en casa. Las mujeres vivían bajo el yugo del ideario machista y antes de decantarse por llevar a casa el producto, era mejor probarlo antes. Transmite un mensaje de temor y miedo que las mujeres tenían a los hombres. La imagen cobra mucha fuerza. Él, vestido de traje seguramente recién llegado a casa de trabajar, se encuentra que su mujer está disfrutando en su ausencia. Se sienta en la silla y la pone encima suya para azotarla. La mano derecha arriba convierte la escena en acción, que el marido ya está realizando el castigo con fuerza. Ella, vestida elegantemente para gustar a su marido cuando regrese, no muestra cara de dolor ni frustración, no se resiste e incluso pone las piernas en postura de placer, relajadas y sensuales con los tacones.

*You mean a woman can open it? (Insinúas que una mujer puede abrirlo?)*

Este anuncio de la empresa Alcoa Aluminum, del año 1953, fue la imagen elegida para promocionar y dar a conocer la tapa, con un mecanismo manual mucho más sencillo que incluso las mujeres serían capaces de abrirlo. El mensaje es de un machismo extremo. Las amas de casa en un gran porcentaje en esa época eran vistas y tratadas como seres sin ningún tipo de inteligencia y aptitud. Son tan inútiles que se debe inventar un mecanismo manual lo más sencillo posible para que sean capaces de abrirlo. En el eslogan, la palabra *"woman"* (mujer) está subrayada, acentuando que se ha inventado y fabricado exclusivamente para ellas. La mujer, demasiado arreglada para estar en casa cómodamente, emite un mensaje subliminal gráfico muy potente, la cual se dispone a abrir un bote de ketchup de la marca *"Del Monte"*. Dicho bote se encuentra entre la boca medio abierta, donde los labios carnosos están pintados de rojo y al otro lado del bote de ketchup, la mano haciendo una "O". La mujer mira a la cámara con los ojos bien abiertos y las cejas subidas. El gesto es una expresión de placer y sorpresa, de probar inmediatamente lo que tiene entre manos. El bote es un elemento fálico que está situado estratégicamente muy cerca de los labios sinuosos y la boca medio abierta, y los dedos pulgar y corazón de la mano izquierda están a la misma altura. Si vemos nuevamente la imagen que proyecta, hay un mensaje erótico, una mujer que sostiene un elemento fálico como si fuera un pene erecto, que se predispone a masturbar y meterlo en la boca. No sólo el invento hace más sencilla la vida de esta inútil mujer que no sabe ni abrir un bote de ketchup, sino que es tan emocionante poder hacerlo que dan ganas de tragarlo.

***Get out of the kitchen sooner! (Sal de la cocina lo antes posible!).***

Anuncio de 1956 donde se publicita un detergente líquido que servirá para que la mujer pase menos tiempo en la cocina fregando y pueda dedicar más tiempo a su esposo e hijos. El anuncio informa de datos estadísticos sobre la unidad familiar en cuanto a la vajilla que se limpia al mes. El padre/marido 570 platos, el hijo 720 y la mujer/madre 770. Se puede leer la frase: *"Mamá usa una media de 770 platos al mes y uno puede adivinar quién friega todos"*. Ya se da por hecho que la tarea de fregar es exclusivo de la mujer. No importa si ha habido una celebración en casa con veinte invitados, porque quien va a limpiar la cocina es ella. Ese momento lo aprovecha el hombre para estar tumbado y relajado con los hijos. La postura del hombre con los brazos en la nuca muestra superioridad, es el macho alfa y no se siente responsable de que su mujer esté fregando horas en la cocina. También transmite un mensaje de ineptitud hacia la mujer. Hemos inventado un producto mejor para que tú también puedas descansar un poco, porque como no trabajas en ninguna empresa ni fuera del hogar, tenemos la dedicación y deferencia de facilitarle aún más la vida.

*Does your husband yawn at the table? (¿Su marido bosteza en la mesa?).*

Anuncio de 1950 donde se ve a un esposo bostezando y aburrido. Ante ello, la mujer pone un gesto de no saber qué hacer, qué le pasa a su marido y qué puede hacer para que no se aburra. Los sorprendente e impactante de este anuncio de *"Heinz"* para comercializar una salsa de tomate, no está en la imagen sino en el texto que lo acompañaba: *"Las cosas que las mujeres tienen que aguantar. La mayoría de los maridos,*

*hoy en día han dejado de golpear a sus esposas, pero qué puede ser más agonizante para un alma sensible que el aburrimiento de un hombre en las comidas. Sin embargo, señora, debe haber una razón. Si tu cocina y tu conversación es monótona, eso tiene fácil solución".* El marido llega de trabajar, está cansado y hambriento. Ya da por hecho que su mujer no le va a contar nada interesante porque es una inculta, es mujer. Así que por lo menos, espera que la comida que le haya preparado sea decente. Pero lo impactante es que resalte *"los maridos hoy en día han dejado de pegar a su mujer".* Lo que implica esta frase y el texto es dar un motivo a la mujer para que no vuelvan los viejos tiempos de castigo y azotes. Ya que el hombre ha hecho un favor a la mujeres y las agresiones físicas van disminuyendo con el tiempo, qué menos que cocines bien, y si no lo consigues con las dieciocho variedades de salsas que Heinz te ofrece, es para que te peguen... y con razón.

***Don't worry darling, you didn't burn the beer! (No te preocupes cariño, ¡no quemaste la cerveza!).***

Este anuncio se publicó en el año 1952. La mujer ha quemado la comida. está sujetando una sartén con la mano derecha de la que sale humo y llorando desconsoladamente. El marido llega de trabajar y se encuentra que no va a comer por el despiste de su esposa. El temor a la llegada de su marido es evidente y la da pavor ser agredida por el error. El marido llega y con el brazo derecho la abraza compasivamente y con el izquierdo señala a la mesa. Y la dice: *"No te preocupes cariño, ¡no quemaste la cerveza, no quemaste el Schlitz!"*. Con esta frase se intenta transmitir que todos cometemos errores, es humano, pero una mujer que en esa época era azotada, le entra el pánico y el horror y ve que si tiene en casa la cerveza "Schlitz" se puede librar del castigo. Da igual que a la mujer le guste esa cerveza o no, porque lo importante es que la va a salvar de ser golpeada. Si eres una mujer joven, recién casada, inexperta en llevar una casa sola, ten a mano siempre esta cerveza si deseas la aprobación de tu marido y que siempre esté contento, con esto lograrás no ser golpeada.

***Show her it's a man's world (demuéstrala que es un mundo de hombres).***

Anuncio de 1951. Nuevamente, el hombre tumbado con los brazos hacia atrás y las manos en la nuca. Este gesto muestra superioridad y actitud dominante. La mujer le lleva el desayuno a la cama. No sólo le sirve como una criada sino que se arrodilla, se genuflexiona como una pecadora que ha cometido pecados ante un ser todopoderoso. Él no baja la cabeza para mirarla, sino que gira la cabeza, pero la mira desde arriba bajando la mirada, perdonándola. Su gesto sonriente, altivo, seguro, confiado, contrasta con la su esposa, quien no denota felicidad en complacer a su marido sino más bien mucho respeto y veneración. Sólo la falta bajar la cabeza para que la sumisión sea completa como la de un patrón con su esclava.

***It's nice to have a girl around the house (Es agradable tener una mujer en casa).***

Cartel publicitario de 1960 para anunciar unos pantalones de Dacron Leggs. Aparece un hombre a quien no se le ve la cara ni la cabeza. En cambio, la mujer sólo tiene la cabeza ya que el cuerpo es la alfombra de la piel de un tigre. La figura del hombre, de pie, muestra los pantalones que se publicitan. Su expresión corporal y pose es la de alguien que ha cazado un tesoro, una reliquia, ese poder que da haber abatido un tigre y te haces la foto con el premio. La mujer es el trofeo, es el animal salvaje que no puede hacer nada ante la fortaleza del hombre, su valentía y varonilidad. Su pie pisa la cabeza de la mujer. El párrafo al pie dice: *"A pesar de que era una tigresa, nuestro héroe no tuvo que disparar un solo disparo para aplastarla. Después de una mirada a sus pantalones de Sr. Leggs, estaba lista para que él la recorriera. Ese noble estilo seguro alivia el corazón salvaje! Si quieres tu propia alfombra de muñequitas, busca un par de estos pantalones de henegger del Sr. Leggs".* La imagen quiere asociar los pantalones a la fortaleza y dominio. La mujer adopta el rol de sumisa, una presa que debe ser cazada por el hombre, siempre a su merced y sus deseos, a quien no puede resistirse físicamente y siempre será doblegada. El texto señala que *"no ha sido necesario pegar un solo tiro para cazarla"*, ella con sólo ver su presencia y esos pantalones, ya es presa de él, y quiere ser su trofeo, quiere estar bajo su seguridad. Es uno de los anuncios más misóginos y machistas que existen. No sólo refleja los estereotipos de mediados de siglo XX, sino que el no ver el rostro del hombre es porque cualquiera puede ser esa persona. No importa que seas más o menos atractivo, puedes conseguir a una tigresa y domarla, pisarla la cabeza y mostrarla al resto.

***Me pregunto, ¿siempre es ilegal matar a una mujer?***

Este anuncio apareció en el año 1953. Un hombre muestra a una mujer una máquina de franqueo. Ella se niega a tener que trabajar con dicho armatoste. El texto dice: *"Durante seis meses he tenido que agachar las orejas en la oficina para obtener un medidor de franqueo. Me he salido con la mía... Entonces, la única estenógrafa buena, rápida, de confianza y sincera que encontré, fue la pelirroja Morissey, ¡se opone a un medidor de franqueo! No tengo aptitud mecánica. Las máquinas no se me dan nada bien"*, dice ella. Como si le pidiéramos que pilotara un P-80. No puedo creerlo.

*"Este contador de franqueo, le explico, es moderno, más eficiente, ahorra tiempo ... No más sellos adhesivos. Sin caja de sellos. Simplemente colocas la palanca para cualquier tipo de sello que desees, para cualquier tipo de correo, y el medidor imprime el sello directamente en el sobre con un sello postal fechado, y lo sella todo al mismo tiempo. Más rápido que enviarlo a mano. Imprime sellos en cinta para la publicación de paquetes. ¡Incluso mantiene sus propios registros! Y el correo medido no tiene que estar matasellado y cancelado en la oficina de correos. Es prácticamente un regalo del cielo para la chica trabajadora".* Ella sigue negándose porque no lo ve nada claro y como es mujer, no está lo suficientemente capacitada para realizar dicho trabajo. El hombre sigue insistiendo: *"Señorita Morissey, quiero que lo pruebe personalmente durante dos semanas. Si no te gusta, ¡vuelve a la fábrica! Depende de tu juicio implícitamente. ¿De acuerdo?"* Ella actúa como una cristiana primitiva pero cede. Dos semanas más tarde le ha puesto un lazo rosa al medidor de correo, como si fuera una orquídea o algo así. *"Algo lindo, ¿verdad?"*, dice la señorita Morissey. *"Es una máquina muy eficiente, Sr. Jones. Ahora el correo sale temprano, así que llego a la sala de las chicas a tiempo para escuchar todos los rumores".*

Este anuncio pretende hacer comprender a las mujeres que hay avances y cambios tecnológicos en las empresas y deben amoldarse y aprender rápidamente. Estos aparatos harán que uno sea más productivo, más rápido, eficaz y eficiente en la realización de sus funciones laborales. Como todo, las mujeres siempre se niegan a este tipo de cambios. Se han incorporado recientemente a cuentagotas en el mundo laboral y parecen más un estorbo que una ayuda. El hombre no logra entender cómo la Srta. Morissey se niega a probarlo si su uso es fácil y va en su propio beneficio y esfuerzo. Cuando lo ha probado, ella se da cuenta que estaba equivocada y que el Sr. Jones tenía razón, como siempre. Y ella, realmente está contenta porque al hacer el trabajo de forma más rápida, eso le dará tiempo para chismorrear y cuchichear con sus compañeras de trabajo. Es decir, el tiempo que ha ganado en el trabajo lo va a emplear en criticar y escuchar rumores y cotilleos, porque eso es para lo que se reúnen las mujeres.

Y la pregunta es apología del machismo y la violencia hacia a la mujer sin ningún atisbo de duda. Hay mujeres que merecen ser golpeadas y asesinarlas.

*Enséñela desde niña.*

Este anuncio de la década de los sesenta sobre unos guantes de látex para las tareas domésticas, muestra a una madre enseñando a su hija a fregar los platos. Ya se da por hecho que es una labor exclusiva de la mujer, y como tal, deben asumirla desde pequeñas. En el texto se puede leer: *"Con estos guantes podrá realizar las más penosas laboras del hogar... si los utilizas podrás lucir todo tu encanto femenino"*. Se afirma que hay tareas del hogar que son una labor costosa que requiere mucho tiempo y esfuerzo, que para *"Picot"* son penosas pero hay que hacerlas. Si no proteges tus manos debidamente con estos guantes no vas a lucir hermosa y tendrás unas manos impresentables. Se une, como es habitual y una constante, labores del hogar, limpieza y belleza.

Estos son algunos ejemplos de la publicidad y el papel que desempeñaba la mujer en la sociedad en la década de los cincuenta y sesenta. En España se entregaba un manual a las mujeres que prestaban el Servicio Social en la Sección Femenina (rama de la Falange dirigida por Pilar Primo de Rivera), que mostraba y enseñaba a las mujeres cómo comportarse. Era una guía imprescindible para ser una esposa perfecta. Cuando se habla de una "esposa perfecta" en la época franquista y las enseñanzas de la Sección Femenina, es un eufemismo que quiere enseñar cómo someterte al marido y a la sociedad.

La guía de la buena esposa constaba de once pasos, que realmente son once reglas básicas y fáciles de seguir cuya finalidad es tener contento a tu marido. La guía ya especifica en su portada que te va a servir para ser la *"esposa que Él siempre soñó"*. Se ve a una mujer con una sartén en la mano reluciente, que parece ser el único trabajo para el que están cualificadas, las tareas del hogar y la limpieza. No consta que se diera a los hombres ninguna guía sobre cómo mantener contenta y feliz a su esposa. Esta guía fue creada personalmente por Pilar Primo de Rivera.

Guía de la buena esposa
11 reglas para mantener a tu marido feliz
Sé la esposa que él siempre soñó

Primer paso

1
Ten lista la cena
Planea con tiempo una deliciosa cena para su llegada.
Esta es una forma de dejarle saber que has estado pensando en él y que te preocupan sus necesidades. La mayoría de los hombres están hambrientos cuando llegan a casa.
Prepara su plato favorito

Tener siempre la cena preparada. Debes estar muy pendiente de los platos que le gustan a tu marido y hacérselos siempre con esmero y cariño. Es muy importante que sepa que has estado pensando en él todo el día, porque tus problemas como mujer y tus inquietudes no son importantes.

## *Segundo paso*

Estar siempre guapa. Estar todo el día metida en casa limpiando, fregando, cocinando y cuidando de los hijos, no es un eximente para lucir hermosa. Sólo tienes que descansar cinco minutos. El hombre ha estado trabajando duro todo el día fuera de casa (el que realiza una mujer en el hogar no se considera trabajo) y debes acicalarte como si fueras a cenar en un restaurante.

## *Tercer paso*

Aunque hayas tenido un mal día, te encuentres en mal estado, enferma o abatida, no debes contar a tu marido tus problemas porque son insignificantes. Tú eres quien debe animarle y no viceversa. Siempre ten preparada una sonrisa, escucha todo lo que te diga, presta atención y mantén una conversación interesante.

## *Cuarto paso*

La casa siempre debe estar impoluta. Limpia cocina, cuartos, baños y salón todos los días, no puede quedar ningún rincón sin revisar. No hacerlo y que el marido se de cuenta va a suponerte un castigo y una vergüenza y parecer que no has estado haciendo nada en casa durante todo el día.

## *Quinto paso*

Se especifica que cuidar de la comodidad de tu marido te realizará como persona. La mujer sostiene en una mano las zapatillas de estar en casa y en la otra una bandeja con una copa y una pipa. No importa si eres una mujer con inquietudes intelectuales, laborales o sociales, lo único que te reportará un bienestar personal es lograr que tu marido tenga todas las comodidades posibles.

## *Sexto paso*

Se detalla que los hijos son el tesoro del padre y la esposa debe cuidarlos porque son su prole, su descendencia. No son los hijos de ella, no es importante que los haya llevado en su vientre ni lleven su ADN. En estos tiempos, muchos niños nacidos de republicanas y comunistas eran entregados a parejas simpatizantes o afiliadas al régimen. Si tus hijos eran parte de aquellos niños robados, igualmente pertenecían sobre todo al hombre.

## *Séptimo paso*

Cuando el hombre esté en casa, después de cenar, él sólo querrá descansar y estar tranquilo. Nadie puede molestarle, ni la esposa ni los hijos, y no puede tener distracciones molestas como una lavadora funcionando o los niños jugando. Hay toque de queda.

## *Octavo paso*

Una esposa jamás puede mostrar tristeza, sino felicidad aunque por dentro se una pobre infeliz a quien se le está coartando sus libertades, derechos e inquietudes. No sólo debes mostrar dicha y satisfacción, sino que debe parecer real.

## *Noveno paso*

Refleja que la opinión y los problemas no son importantes. Si estás deseando que llegue a casa para hablar de aquello que te importa, es secundario. Los problemas de los hombres tienen prioridad. Escúchale atentamente, ya tendrás tiempo en un futuro de exponer tus problemas.

## *Décimo paso*

No cuestiones nunca los actos de tu marido. Si él hace algo que te molesta o disgusta, sé empática y comprende por qué lo hace, seguramente sea por tu culpa y no prestarle toda la atención y cuidados que merece.

## *Undécimo paso*

Llegado aquí, es más que evidente que la esposa debe escuchar y callar, que sus problemas son insignificantes. Debes trabajar todo el día en casa, sin pausa, sonreír, servir, asentir, nunca quejarte ni mostrar malestar, estar disponible para todo lo que el marido desee. No veo ninguna diferencia entre la esclavización y la servidumbre de los negros en Estados Unidos a ser una esposa en la mentalidad de mediados del siglo XX.

Y recuerda, si no te ha quedado claro, que debes saber cuál es tu lugar dentro del matrimonio y de la sociedad, y este es la limpieza y el cuidado del hogar y dejar al hombre tranquilo, sin agobios y estar disponible a todas horas, incluido el sexo.

La publicidad ha ido mostrando en cada década aquello que son roles sociales, aquello que está aceptado y asimilado por la sociedad. La publicidad evoluciona y ya es imposible ver este tipo de anuncios porque las críticas y los movimientos en contra harían un perjuicio irreparable a cualquier marca y empresa. Esto no significa que la publicidad ya no sea machista. Lo es, pero lo refleja de forma mucho más sutil. Seguimos viviendo en una sociedad machista y el límite siempre lo va a poner la sociedad en medida con aquello que tenga asimilado o tenga excluido. Las marcas se aprovechan muchas veces del escaso reproche social que existe hacia una campaña o algún acto que se asimila como cotidiano.

El 30% de los anuncios de televisión reproduce estereotipos sexistas hacia las mujeres, según datos de un estudio elaborado por el Consejo Audiovisual de Andalucía titulado *"Los estereotipos sexistas en los anuncios publicitarios"*. El informe versa sobre un estudio de los cien anuncios más emitidos en el año 2014 en las principales emisoras de televisión españolas.

El estudio muestra que los anuncios machistas son habituales en la publicidad de productos de limpieza, alimentación, licores y alcohol, belleza e higiene y salud, que justifican el rol de la mujer como limpiadora del hogar, que debe estar siempre bella para gustar a los hombres y atraerlos. Otro de los sectores donde más anuncios machistas había, que ya no se emiten desde hace años por motivos legales, son los de tabaco. Realmente nada ha cambiado desde que la publicidad existe, lo único que ha variado es la forma de transmitir el mensaje, que no sea ni parezca tan evidente, pero el trasfondo es el mismo.

Y la publicidad ha sido y es muy importante, si no lo fuera, las empresas no invertirían millones de dólares y euros en anunciar sus productos. Tras ellos, se encuentran expertos para crear una imagen, un spot y una frase que golpee en la mente de cada uno, de la sociedad, que impacte, no sólo para que adquieras ese producto o servicio sino para crear una imagen de marca. La publicidad, aunque no nos demos cuenta de ello, participa en la construcción de la identidad y los valores de los jóvenes. El mensaje llega a cada persona como ser individual pero, a su vez, al colectivo. El modo que se reciba esa información generará una visión global que será aceptado socialmente como prototipo y arquetipo. Saber que 1 de cada 3 anuncios es machista no envía un mensaje positivo a la sociedad.

Los anuncios, en su mayoría, van dirigidos a las mujeres y es impactante que dichos anuncios son los que más carga de sexismo y machismo lleven implícitos. ¿Qué transmiten los anuncios? ¿Qué prometen? Todo anuncio es una promesa de felicidad, belleza, juventud, poder, éxito, libertad, conseguir aquello que deseas y ansías. Cuando te bombardean diariamente con publicidad en radio, televisión, revistas, redes sociales, internet... se crean estereotipos que se van grabando en nuestro cerebro, y éste lo socializa y naturaliza. Vemos los anuncios de forma consciente pero los mensajes nos llegan en oleadas inconscientes, mensajes subliminales, música, un gesto, un paisaje, un eslogan... Si de cada cien anuncios que vemos, entre treinta y cuarenta nos llega un mensaje sexista y machista, tendemos a normalizar ese comportamiento y se actúa y piensa de esa manera. ¿A cuántos jóvenes les extraña que sean las mujeres quienes laven los platos, hagan la colada, planchen, frieguen...? ¿A cuántos les extraña que se digan piropos a las chicas y mujeres o cualquier barbaridad? ¿A cuántos asombra e impacta que al ir a un restaurante, el camarero sirva el alcohol al hombre y el agua o refresco a la mujer o entregue la cuenta al hombre? Son muchos los gestos machistas que están asumidos en la sociedad.

En prácticamente todos los anuncios donde aparecen mujeres, éstas representan la provocación, la simplicidad, el victimismo, la cosificación, la dependencia y el sometimiento. El estereotipo es muy importante en la publicidad. No sólo hay que llegar a cada persona sino al colectivo, y cuanto más amplio mejor. De esta forma se crea una corriente de pensamiento unificada, unas reglas, normas y valores que van a permanecer en la sociedad. Pero lo que más vende es el sexo, la sexualidad y la sensualidad. Se crean anuncios y publicidad de productos que nada tienen que ver con el sexo, pero éste siempre aparece.

Este anuncio de Dolce & Gabbana tuvo que ser retirado por las críticas que suscitó. Se ve a una hermosa mujer vestida como si fuera una dama bondage, una dominatrix en una postura forzada, como cambiando el rol que suele tener en la dominación sexual, donde cuatro fornidos hombres parecen esperar su turno para forzarla. Más que un anuncio de moda, parece una violación grupal.

En 2013 apareció este anuncio en el Reino Unido para publicitar desodorantes Lynx. La mujer que aparece es la modelo Lucy Pinder.

Este spot también tuvo que ser retirado por motivos evidentes. ¿Puede hacerte perder el control? Es lo que pregunta a la persona que observa el anuncio. Para publicitar un desodorante que debe durar 48 horas su efecto, eligen la imagen de una modelo sacando del horno un pollo asado. La mujer está maquillada, peinada y vestida con ropa interior en una posición más que sugerente. Ella mira a la cámara de forma provocativa mientras ladea su trasero también a la cámara para que las curvas sean más contundentes y visibles. ¿Para publicitar un desodorante es necesario una modelo semidesnuda en una posición sexual, sacando un pollo recién asado del horno? Obviamente no tiene sentido, únicamente porque un desodorante es un producto que no impacta por sí solo, así que hay que añadir un componente sensacionalista que deje huella, una imagen poderosa, y qué mejor que utilizar el sexo para ello, porque el sexo siempre reclama la atención. Una vez retirada esta campaña, la compañía Unilever dijo que no entendía dicha medida si la mujer no aparecía desnuda.

Los anuncios de vehículos suelen llevar un componente y carga machista bastante común. La mujer del anuncio es la actriz, cantante y modelo italiana Carla Bruni, actual esposa del expresidente de la República de Francia, Nicolas Sarkozy. La pregunta que te hacen es directa: *"¿Desde cuándo a alguien le importa si eres bella por dentro?"* Se recurre a la belleza y el poder que tiene socialmente para conseguir lo que deseas. Las modelos han sido, y son, un icono y un espejo donde millones de jóvenes se miran diariamente como estereotipo de belleza y éxito. ¿Quién mejor para transmitir el mensaje superficial de belleza y vacío existencial por dentro para convencer a las mujeres y los hombres que una modelo exitosa que atrae con su simple presencia? El mensaje del anuncio es muy claro y conciso, ¿te gusta lo que ves? ¿sí? ¿a qué esperas para comprarlo y tenerlo? No importa cómo sea por dentro si lo que vas a ver tú y el resto es lo de fuera. Lo importante es la belleza, no el interior, es una referencia a la importancia que la sociedad otorga al atractivo físico.

En 1986 se emitió uno de los anuncios más recordados. Aparecía una mujer vestida de cuero sobre una potente moto y decía: *"Busco un hombre llamado Jacq's. Jacq's es un hombre alto, fuerte, muy especial. No retrocede ante nada. Deja tras de sí un aroma único, inconfundible"*. Después una voz en off decía: *"Colonia de hombre Jacq's, un aroma muy peligroso"*. La mujer se bajaba la cremallera y mostraba de forma muy sugerente los pechos. El objetivo del anuncio es que recuerdes el nombre de esa colonia y la potente imagen que proyecta la mujer. El cuero negro siempre se ha asociado con la sexualidad. Se acude nuevamente a la imagen de una mujer y al sexo para vender un producto, una colonia de hombre que anuncia alguien del género opuesto. ¿Por qué no es importante o lógico que una colonia o perfume para hombres, la imagen sea la de un hombre? Porque es mucho más fuerte el mensaje que proyecta lo que esa colonia o perfume puede hacer por ti y qué mejor trofeo que te ayude a conseguir una mujer espectacular e impactante que le gusta la velocidad.

Este anuncio de Joyerías Natan es muy explícito en el mensaje. Una mujer sentada con las piernas cruzadas, en cuanto un hombre abre la cajita donde se encuentra una joya, inmediatamente consigue que ella también se abra de piernas. Si regalas a una mujer una joya conseguirás que se abra de piernas para ti. Emite un mensaje donde las mujeres son unas interesadas y prostitutas del lujo. Es posible que aquella mujer que te gusta no esté interesada en ti, pero una joya hace milagros, como poder tener relaciones sexuales con ella. Da igual que no te haya prestado atención o ni se haya fijado en ti, por una joya la mujer se entregará a ti.

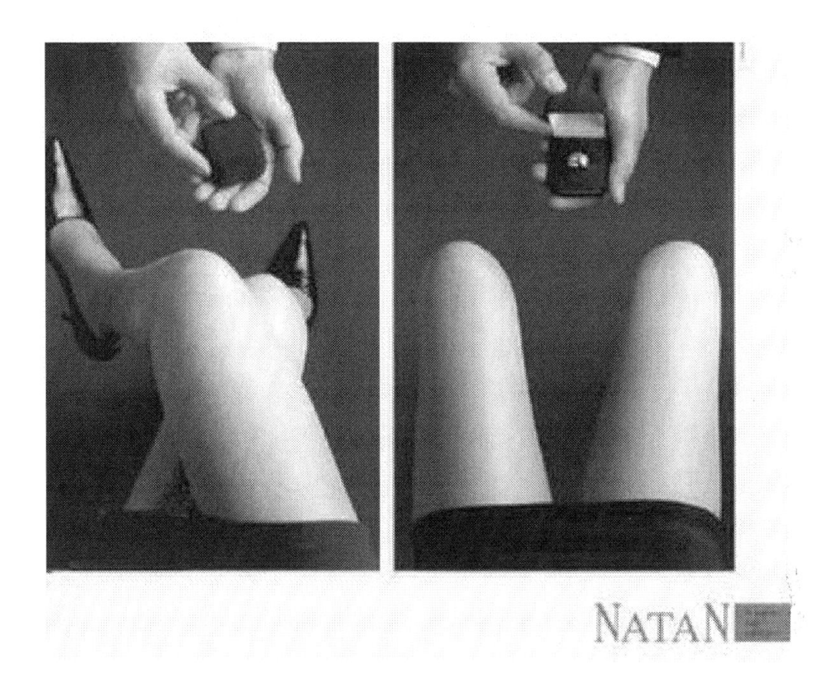


Este anuncio del Metro de Madrid tuvo que ser retirado por las quejas que suscitó. Mientras viajas en el metro, los hombres leen el periódico, se ilustran, se interesan por la noticias y lo que ocurre en el mundo, mientras las mujeres es el tiempo que utilizan para acicalarse, maquillarse y ponerse guapas. Esto es un claro ejemplo de estereotipo social. Muchas personas ven esta ilustración y no se sorprenden porque socialmente es algo que está aceptado.

Los barómetros y las encuestas sobre hábitos de lectura, tanto en España como en otros países, coinciden en que las mujeres leen más libros que los hombres. Por ello, los libros pueden ser una herramienta para el empoderamiento de la mujer, pero la industria editorial sigue dominada por los hombres.

El principal es el Barómetro de Hábitos de Lectura y Compra de Libros, editado por la Federación de Gremios de Editores de España (FGEE). Según los últimos datos del Barómetro de Hábitos de Lectura y Compra de Libros, editado por la Federación de Gremios de Editores de España (FGEE), el 67,9% de las mujeres leen libros, contra el 63,6 % de los hombres.

Con estos datos, ¿por qué no aparece la mujer leyendo un libro y se la representa como una persona a quien sólo le interesa cultivar su aspecto y no su mente?

En el año 1981 apareció este anuncio de Calvin Klein. La mujer es una jovencísima Brooke Shields, que tenía quince años cuando se le realizó la sesión de fotos.

La polémica vino dada por la frase que decía en el anuncio: *"¿Quieres saber qué se interpone entre mí y mis Calvins? Nada".* Esto dejaba a la imaginación que la joven no llevara ropa interior, una imagen que transmite un mensaje muy erróneo, imprudente y machista, más con una menor de edad.

El sector de la moda es donde más explícito y manifiesto se refleja el machismo y sexismo así como la violencia de género. Aquí, la imagen de la mujer es denigrada, degradada, violentada y rebajada a un simple objeto y útil en manos de los hombres. Habiendo visto algunos ejemplos, aquí simplemente expondré algunos anuncios y que sea el lector quien opine hasta qué grado de sexismo está la sociedad y las mujeres siendo agredidas a través de mensajes y publicidad.

Calvin Klein Jeans X

JIMMY CHOO

576

SAINT LAURENT

THE CLEANER YOU ARE
THE DIRTIER YOU GET

My number
Let us keep on dreaming of a better world.
Ché
iZaping.com

bruno banani
NOT FOR EVERYBODY
MADE FOR
MEN
His new fragrance by bruno banani

SEGUIMOS TENIENDO
EL MEJOR GANADO.
DEL 25 DE ABRIL
AL 19 DE MAYO.
30
AÑOS

« ESTÁ MACIZA »
ESO DIRÁN DE TU CASA,
SI LA CONSTRUYES
CON LARK
LADRILLOS
LARK
Calidad que se impone
www.ladrilloslark.com.pe

arco Aldany®
LA PRIMERA CADENA DE PELUQUERÍA Y ESTÉTICA EN ESPAÑA
¡¡CEPÍLLATELO!!
RECUPERA EL AUMENTO
DE PRECIO DEL IVA

TOM FORD
TOM FORD
THE FIRST FRAGRANCE FOR MEN FROM TOM FORD

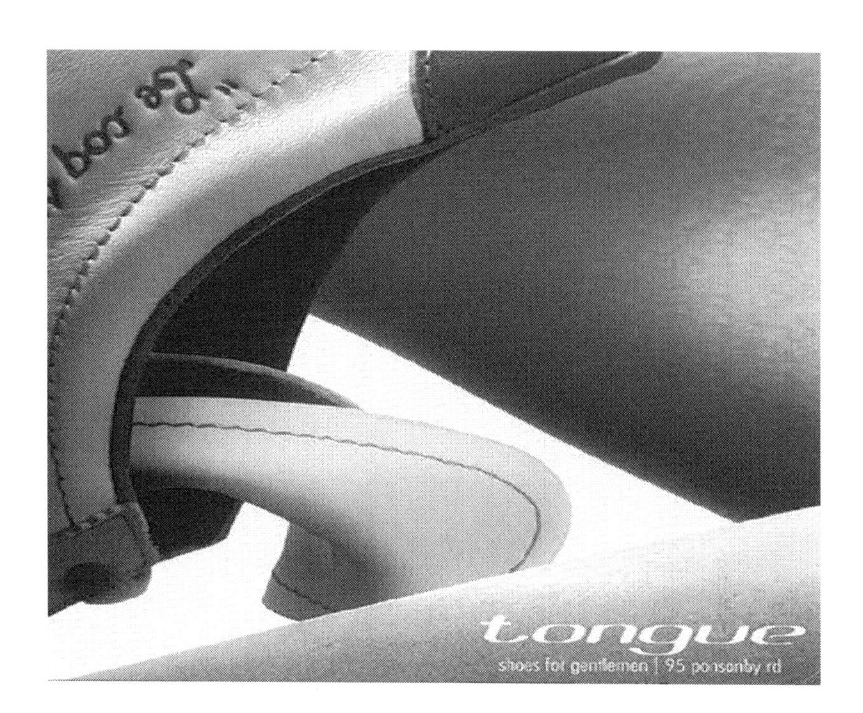
tongue
shoes for gentlemen | 95 ponsonby rd

No importa lo que ves.
Importa lo que es.
Schneider
Lo que importa es la cerveza.

MACHO ES
MI NOVIO
PORQUE PIDE
Coca-Cola
light
ACTITUD LIGERA

¡NO TE OBSESIONES
CON ELLA!
Tu también puedes
tener una igual...
...¡LA MELENA,
CLARO!
Tu primer y último tratamiento capilar
92% de eficacia clínicamente probada
Para hombres y mujeres
Líder de ventas en España
CÓMPRALO: en vr6definitive.com,
VR6
Definitive
hair

American Apparel®

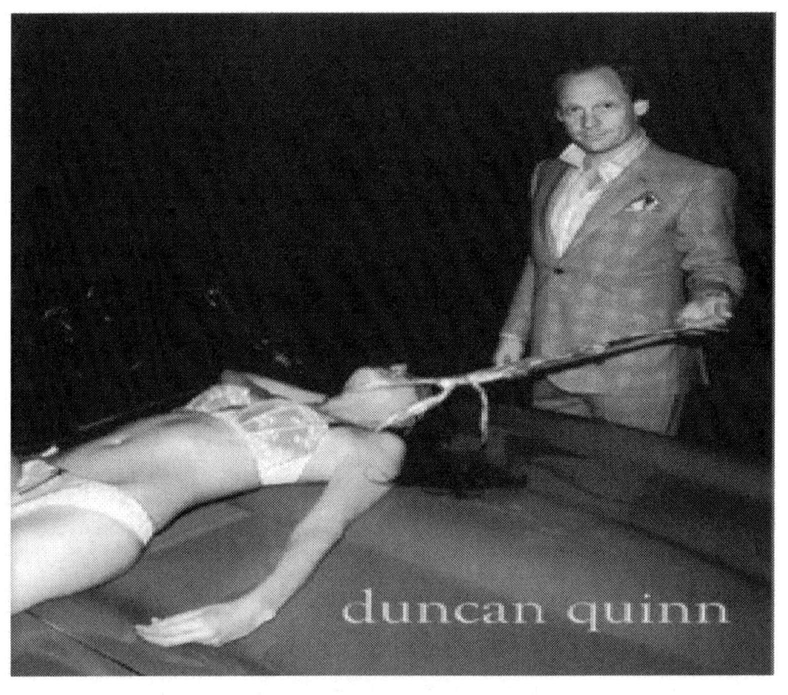
duncan quinn

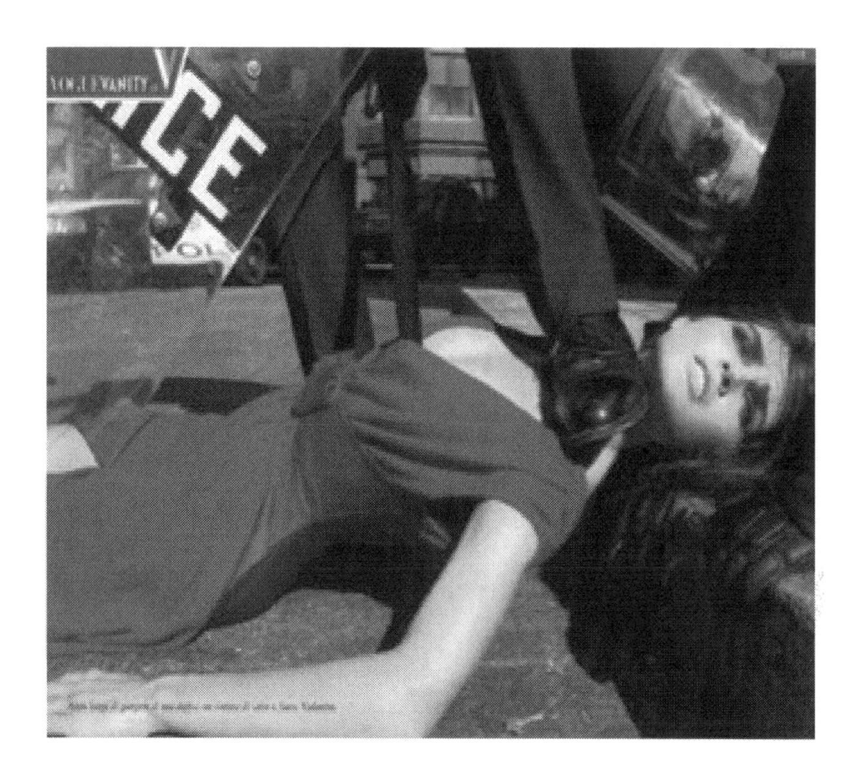

Estos son sólo unos pocos ejemplos de cómo se utiliza la imagen de la mujer y la connotaciones sexuales que incluyen, para vender zapatos, moda. fragancias, comida, bebidas, cosméticos, aerolíneas, revistas, casas, electrodomésticos, tecnología... no importa lo que se quiera vender, el sexo y la mujer siempre tienen cabida. Ellas aparecen muertas, recién golpeadas por hombres, violadas, degradadas, insultadas, explotadas... Son el reclamo perfecto para mirar atentamente la imagen y leer el eslogan, para después fijarte en la marca y producto.

Cada vez se retiran más anuncios como estos de las calles, revistas y televisión, pero existen miles de anuncios donde el sexismo está implícito. Muchas de estas señales sexistas pasan desapercibidas para la sociedad, especialmente las jóvenes, donde sólo 1 de cada 3 sí percibe el sexismo en publicidad. Lo más preocupante es que tienen asumido el rol de la mujer en la publicidad como reclamo y no suelen cuestionarse el daño que ejerce a las mujeres y la influencia que tienen para fijar aún más los estereotipos femeninos.

La publicidad siempre ha reflejado la realidad. Desde tiempos remotos, el canon de belleza y el rol de la mujer ha ido cambiando. Hay que ser conscientes que estos anuncios están reflejando una sociedad sexista y machista. Aún se sigue aceptando el papel de la mujer para vender detergentes, planchas, aspiradoras... cuando vivimos en sociedades donde una amplia mayoría de mujeres trabajan fuera del hogar, ya no son amas de casa como a mediados del siglo XX.

Feminismo es igualdad en la teoría y en la práctica. En teoría, no debería haber diferencia entre teoría y práctica, en la práctica, sí la hay. La mayoría de las mujeres reivindican y critican la masculinidad tóxica, aquella que realmente las perjudica y daña pero no odian a los hombres. Y donde más machismo existe es en la moda, que ha perjudicado la autoestima de la mujer y distorsionado su imagen con un propósito y objetivo primordial, tu dinero.

Entre los diseñadores más aclamados y famosos de la historia leeríamos nombres como Giorgio Armani, Óscar de la Renta, Dolce & Gabanna, Valentino, Karl Lagerfeld, Yves Saint Laurent, John Galliano, Jean Paul Gaultier, Paul Poiret, Cristóbal Balenciaga, Tom Ford, Marc Jacobs… y de mujeres aparecían algunas como Donatella Versace y Carolina Herrera. Son los hombres quienes han estimado las medidas y proporciones perfectas que debería tener cualquier mujer, unas medidas que en realidad son desproporcionadas y alejadas de la salubridad. ¿Por qué las modelos actuales deben estar tan delgadas y tener unos cánones muy concretos para poder desfilar por una pasarela y tener el honor de llevar puesto un vestido de cualquiera de estos diseñadores? Estamos ante una de las mentiras más rentables del mundo, mentiras que la práctica totalidad de las mujeres se creen y tratan de imitar, acercándolas a desórdenes alimenticios y afecciones graves de salud como la anorexia.

La industria de la belleza genera miles de millones de dólares. Esta industria engloba cosméticos, maquillajes, tintes, cremas, perfumes, lociones, tratamientos, cirugía estética, revistas, aplicaciones móviles, y promueven una dieta sana y cara y planes de adelgazamiento y miles de tratamientos para conseguir el objetivo de acercarte al canon de belleza social.

La industria de la belleza vive (y muy bien) de que jamás consigas tu objetivo, pero te gastes gran cantidad de dinero en ello, y seas tú la única culpable y responsable de no conseguirlo, creando traumas y falta de autoestima. Sólo el 3% de las mujeres está satisfecha con su cuerpo. Esto significa que si hay 3800 millones de mujeres en el mundo, sin contabilizar niñas pequeñas y personas que no tienen acceso a estos productos, 2190 millones de mujeres estarían dispuestas a invertir su dinero en estar más guapas e intentar modelar y corregir esos "defectos" para estar más acorde con ellas mismas y la imagen que la sociedad difunde sobre ellas.

La belleza actúa como un tirano al que nunca vas a satisfacer y ellos nunca quieren que te sientas satisfecha con tu cuerpo. Es mucho más rentable crear mentes adictas a la búsqueda de un ideal que cuerpos que alcanzan su objetivo. Por este motivo, se ponen estereotipos muy difíciles de conseguir, prácticamente imposibles, mientras sigues invirtiendo tu dinero en la causa. ¿Qué pasaría si el 100% de las mujeres se aceptaran como son y apenas gastaran dinero en cosméticos, cirugías, implantes, productos para adelgazar y dietas milagro? ¿Qué pasaría si cada mujer fuera consciente de su belleza y no intentara alcanzar la belleza que unos pocos la dicen que debe conseguir, y para ello utilizan modelos cuyos cuerpos extremadamente delgados y proporciones son casi imposibles de alcanzar?

La industria de la belleza te está diciendo cada día que tú no eres bella, que eres imperfecta, que tienes defectos físicos, que debes cuidarte y modificar lo que eres y quién eres si quieres ser femenina, atraer a los hombres y tener éxito. Es una tiranía a la que miles de millones de mujeres están sometidas, y una gran parte sin darse cuenta de ello.

Los modistos hacen prendas exclusivas para mujeres muy delgadas y esbeltas donde exponen y enseñan sus mejores obras, las nuevas tendencias, lo que se denomina "ir a la moda". La ropa que puede ponerse una minoría de mujeres debido a su tallaje y el precio, es a lo que quieren que aspires. Es utópico en el 97% de los casos. ¿Y quién tiene la culpa de que sigas siendo imperfecta, sentirte mirada y observada por tus "defectos evidentes"? Por supuesto, tú. Si no aprendes inglés en 48 horas como te promete el mayor experto y el más vendido del mundo, la culpa es tuya. Si no consigues adelgazar siete kilos en una semana como te promete el producto más exclusivo del mercado donde su imagen es una modelo reconocida, la culpa es tuya. Si no consigues conquistar al chico que te gusta con unos sencillos pasos que te da la más prestigiosa revista del mundo, la culpa es tuya. Ellos jamás tienen la culpa de alimentar una mentira, unos ideales irreales, unas metas imposibles.

Las grandes empresas te quieren imperfecta. Eso no significa que lo seas. ¿Cómo crear la imperfección? ¿Cómo hacer para que millones de mujeres en todo el mundo que son por naturaleza bellas, sientan firmemente que no lo son? ¡Sencillo! Escoges un arquetipo, una imagen de alguien que no entre en los cánones de la mayoría. ¿Cuántas mujeres hay en el mundo que midan 180 cm, pesen 57 kilos y tengan un rostro bien parecido? Se escoge ese modelo y los modistos te dicen que si no eres así, jamás, nunca, podrías vestir ropa de miles de dólares ni estar en suntuosas fiestas ni conocer a los chicos más guapos y sexys. Y te bombardean diariamente con esta información. Esas imágenes las ves cada día, yendo a trabajar, a comprar, paseando... y vas asimilando que nunca serías imagen de esas firmas tan prestigiosas. Así que una chica se mira al espejo y ve que mide 1,67, pesa 60 kilos y empieza a ver defectos en todas partes. Pechos separados, no están firmes, el pezón no está en su sitio o son muy oscuros, muslos enormes y grietas, celulitis, pies feos, pelo demasiado rizado o fino, ojos marrones típicos, manos descuidadas, el culo no es respingón, piel de naranja, demasiado blanca de piel, nariz muy afilada y demasiado pelo en las cejas, pestañas muy cortas, etc.... Si la industria de la belleza deseaba crear una distancia entre tú y su prototipo de belleza, ha conseguido que estés a años luz de ser perfecta. Y este mensaje va calando rápidamente en cada mujer y empiezan a modificar su cuerpo, cortes de pelo, teñirse, más tacón, gimnasio, operarse los pechos, dietas, todo tipo de cremas, maquillaje para parecer quien no eres y no para resaltar lo bella que eres, depilación, peluquería, compras productos que no necesitas para satisfacer a personas a quienes no les importas.

Con la llegada de las redes sociales, este pensamiento inoculado en la mente de las mujeres se hace patente, donde las fotografías o selfies que comparten en sus cuentas privadas, están en una amplia mayoría retocadas. Las jóvenes, y no tan jóvenes, utilizan filtros, se estrechan la cintura, eliminan cualquier "imperfección" como lunares, pecas, vello, distorsionando su imagen hasta hacerlas, en muchos casos, irreconocibles.

Al estar muy alejada aún de la verdadera belleza, muchas mujeres extreman sus métodos y se hacen bulímicas, anoréxicas y empiezan a tomar medicamentos para adelgazar y obtener extrema delgadez. Darse cuenta que las están manipulando, engañando y que esta industria las está haciendo que sean infelices y con baja autoestima de su físico es una tarea de muy complejo retorno.

Imaginad todas las mujeres que los hombres pensaran y actuaran en más de un 90% de esa forma. Imaginad que se nos vendiera y creyéramos son excepción que el canon ideal es un hombre de 1,87 metros, 78 kilos, donde se le definan todos los músculos abdominales, simetría perfecta en el rostro, ojos verdes azulados, un pelo perfecto donde ser calvo es un deshonor, manos firme como si estuvieran esculpidas por el mismo Fidias, labios carnosos, dientes blancos y simétricos, que utilizara cremas para la piel, fuera atlético e hiciera todo tipo de deportes, con un miembro viril ancho y superior a 20 cm, buen amante, que sabe perfectamente dar placer a las mujeres, consigue todo lo que se propone…. ¿Cuántos hombres podrían llegar a ser así?

Nunca te dirán lo bella que eres sino lo bella que realmente puedes llegar a ser.

Este anuncio de la entidad bancaria Liberbank muestra dos carteles.

Uno dirigido a los hombres ofertando un préstamo perfecto para comprarse un coche nuevo. Otro cartel dirigido a las mujeres donde el préstamo lo puede invertir en una cocina nueva. Tapan el rostro de la mujer y lo sustituyen por un emoticono muy sonriente. El mensaje que emiten estos anuncios es que las mujeres deben gastar el dinero en la cocina, que es su zona de confort y su hábitat natural. ¿Por qué no pueden invertir el dinero en estudios, viajar, sus hijos, un negocio...?

Las jóvenes también reciben muchos mensajes machistas y sexistas a través de la música. La industria musical, junto con la moda, es la más sexista que existe. Al igual que en la publicidad, muchas portadas de discos tuvieron que ser censuradas ya que incluían referencias sexistas, pornografía, pedofilia, denigración de la mujer, violencia machista, explotación y abuso de menores...

En 1976 se publicó el álbum *"Virgin Killer"* del grupo Scorpions, donde en su portada aparecía la imagen de una niña desnuda llamada Jacqueline, con tan solo diez años de edad.

La parte genital de la niña no puede verse, debido a un efecto de vidrio o cristal roto. Un "virgin killer" hace referencia a los hombres que duermen y sueñan con niñas vírgenes. Es la persona que disfruta desvirgando jovencitas. Es una portada que hace apología de la pedofilia. En la letra de la canción se dice: *"Llora, siéntelo...Intenta escapar, es muy difícil escapar, eres un deseo, eres un deseo del demonio"*.

En 1969 apareció esta portada del grupo *"Blind Faith"*, al que pertenecía el famoso guitarrista Eric Clapton. En ella aparece una adolescente desnuda en pleno desarrollo y transformación de su cuerpo sujetando un avión supersónico, una imagen fálica.

En 1980 aparece la portada del álbum *"Tonight You're Mine"* (Esta noche tú serás mía), del cantante Eric Carmen. Va vestido de cuero y agarra del cuello a una mujer para obligarla a inclinarse. Ella viste con un sugerente y elegante vestido de noche. Mientras con una mano la sujeta el cuello, la otra mano insinúa que va a desabrocharse el botón del pantalón o bajarse la cremallera. No hay consentimiento por parte de la mujer, que sabe va a ser violada. La letra dice: *"El amor siempre es placer y dolor, pero yo dije: "vamos, tómame" quiero que tu amor me rompa, házmelo como nunca lo has hecho antes. He estado esperando tanto, mucho tiempo, pero esta noche serás mía".*

Esta portada es de un grupo italiano llamado *"Cripple Bastards"* (algo así como "mutilar, lisiar a los desgraciados, cabrones o bastardos"). Se publicó en el año 2001 y aparece un hombre recostado apuntando a la cabeza a una mujer con una pistola, mientras ella le está haciendo una felación. El título del álbum, *"Almost Human"* (Casi humano), es la visión que se ha tenido de la mujer a lo largo de la historia, seres imperfectos, incompletos, animales con rasgos humanos y actitudes humanas pero sin las aptitudes para serlo completamente. En la imagen se aprecia que el percutor está activado, si la mujer no obedece y no sigue complaciendo al hombre, sólo hay que apretar el gatillo.

En 1986 se editó el álbum de Bon Jovi *"Slippery When Wet"* (Resbaladiza cuando está mojada), que les encumbraría y llevaría a la fama. La portada que la mayoría conoce o verá si adquiere el disco, no será esta, sino la que ha pasado a la posteridad con las letras del título en un fondo negro que se han ido formando por las gotas de lluvia que caen en el asfalto. En la portada original que fue censurada en muchos países, aparece una mujer sexy a quien le caen gotas de agua y que irán dejando traslucir los pechos. En esa época, los miembros de la banda visitaron bastantes clubs nocturnos de strippers. La moda en la zona de Vancouver (Canadá) era llevar ese tipo de camisetas que se hicieron muy famosas en los ochenta y que aparecieron en muchos vídeos musicales y películas, donde las jóvenes limpiaban automóviles con sus cuerpos totalmente empapadas de agua. En cuanto el álbum salió a la venta, se empezaron a retirar para cambiar la portada. Sólo se puede obtener el disco con la caratula original en Japón.

En 1972 el grupo *"Mom's Apple Pie"* (El pastel de manzana de mamá) editó un disco cuyo título es el mismo que la banda. Se ve el dibujo de una mujer con su delantal, quien acaba de hornear un delicioso pastel. La mujer se relame y lo muestra a los invitados, o en este caso, al público y los clientes. El relamer viene provocado porque la mujer se ha comido una porción. No ha podido resistir la tentación de no probarlo. Justo donde falta la porción, cae unos hilos de crema o leche. A simple vista no nos damos cuenta, pero la porción realmente es una vagina con su clítoris y los labios bien definidos. El color del pastel es como la piel y por dentro es mucho más carnoso y rojizo, igual que el cuerpo de una mujer caucásica. Aquella información que nuestros ojos no perciben de forma consciente, sí lo capta el subconsciente y esa información se queda en el cerebro.

En 1990 la banda de heavy metal *"Hurricane"* pensó que era apropiado poner en la portada de su álbum *"Slave to the thrill"* (Esclava de la excitación) a una mujer en una máquina de tortura. Ella aparece desnuda e inmovilizada. Todas las extremidades (cabeza, brazos y piernas) están apresadas. El título y la imagen nos da una idea certera de la funcionalidad de la máquina, una especie de masturbador tecnológico del que se desprende un falo metálico donde la mujer no puede hacer nada por evitar ser penetrada.

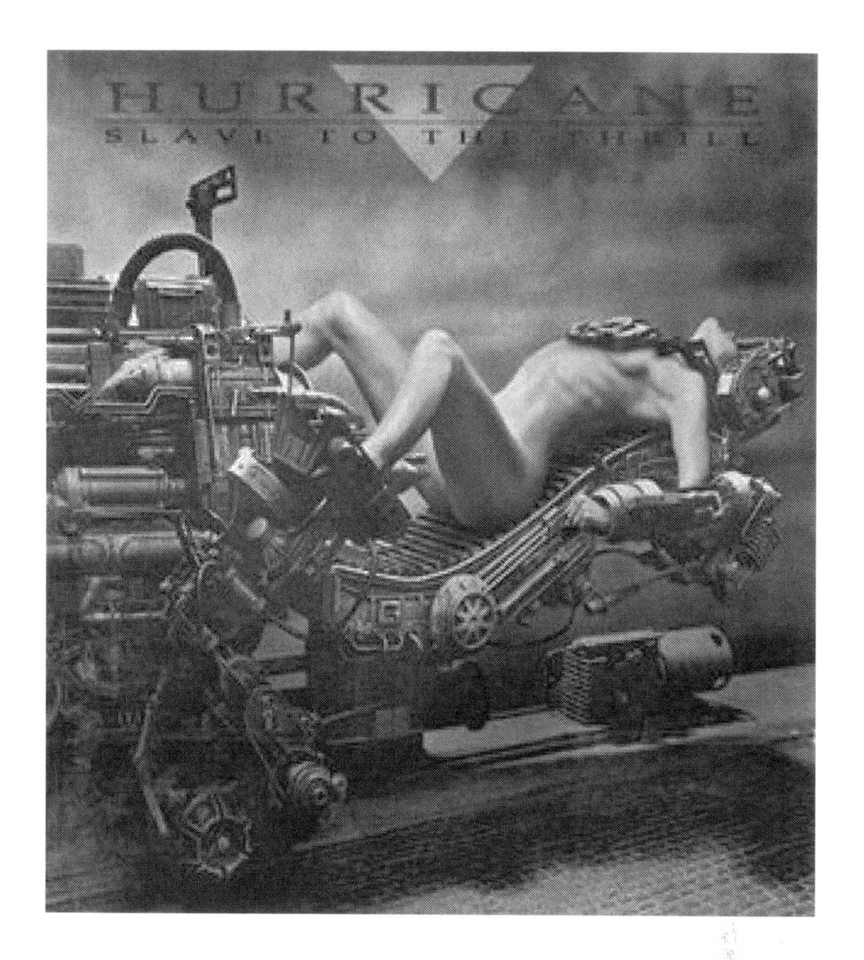


En 1997 apareció el primer álbum de la banda mexicana *"Molotov"* titulado *"¿Dónde jugarán las niñas?"*. Aparece una joven, a quien no se le puede ver el rostro, en el asiento trasero de un coche. Por su vestimenta, se nos presenta una chica que va a un colegio o instituto, con el típico uniforme obligatorio que deben llevar. Es una lolita que ya quiere experimentar con la sexualidad. ha dejado atrás la niñez e infancia y ya se atreve a meterse en los coches de los mayores. El hecho de estar en un vehículo y llevar la ropa interior bajada hasta las rodillas, insinúan que está con una persona más mayor que ella y que desea jugar a juegos de adultos.

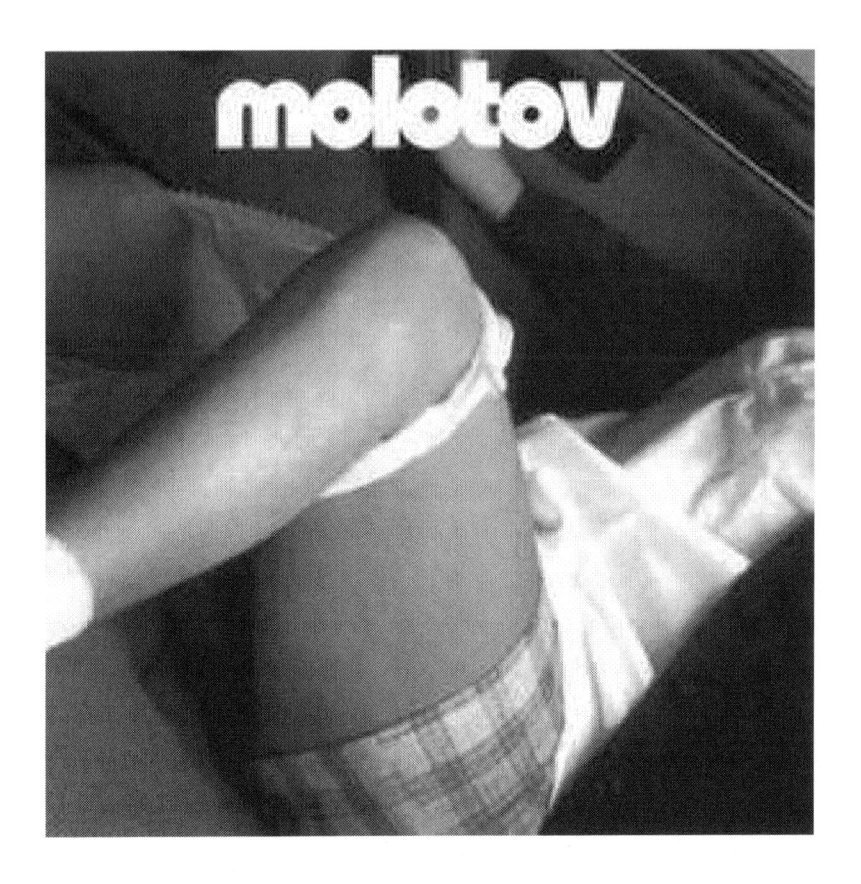


Las portadas y carátulas de los discos reflejan el sexismo, violencia y denigración de la mujer. La música es un sector que mueve millones de dólares y euros, con una gran demanda y consumo de masas, especialmente entre los más jóvenes. Estos son los mensajes que les llegan. Ya sea en la música pop, heavy, metal, reggaetón, grunge, rock, rap, hip hop... el mensaje es el mismo, sólo cambia el envoltorio. Y con ello, las letras de las canciones que acompañan a muchos discos enfatizan aún más el poder del hombre ante la mujer. Y esas canciones, que se escuchan miles de veces, a solas, en radios, televisión, conciertos, youtube, spotify... es una cascada constante reiterativa de la misma información. La mujer es un objeto y una posesión del hombre, un premio y trofeo sexual. La música posee una capacidad enorme de difundir un mensaje. Las canciones se escuchan en modo "repeat" diariamente, se bailan, se cantan y se comparten con facilidad, es accesible a todo el mundo y de fácil consumo.

El 60% de todas las personas alrededor del mundo depositan en la música su principal pasatiempo. Estamos ante el hobby preferido del planeta. Esto nos da una dimensión de la importancia que tiene transmitir imágenes, mensajes y actitudes correctas para crear, modificar o eliminar estereotipos.

La cantante y guitarrista canadiense, Alanis Morissette, quien se hizo mundialmente famosa gracias a su sencillo *"Ironic"*, reveló que a la edad de quince años fue violada por varios hombres de la industria musical. Dijo: *"Me tomó años de terapia admitir que había habido algún tipo de victimización de mi parte. Siempre decía que estaba consintiendo, y después me recordaban que sólo tenía quince años. No puedes consentir con esa edad. Ahora pienso que todos son unos pedófilos, que fue una violación de menores. Las mujeres no esperan; nuestra cultura no escucha. Se lo conté a algunas personas y cayó en oídos sordos"*. Alanis es otra mujer que tuvo que lidiar con la anorexia y bulimia, afirmando que el ambiente del espectáculo la pasó factura.

Si la industria de la música ha sido y es un sector donde el machismo y sexismo impera, el cine es otra industria mundial que inunda los cines y televisiones con películas donde la imagen de la mujer está estereotipada. Una de las películas que más se emiten en los diferentes canales de televisión año tras año, y que se posiciona siempre entre lo más visto en cuanto a "share" se refiere, es el film interpretado por Richard Gere y Julia Roberts: *"Pretty Woman"*.

Esta película se estrenó los cines en el año 1990 con un presupuesto de 14 millones de dólares, llegando a recaudar casi 500 millones de dólares, y en España se estrenó en televisión en 1994. Ese día lo vieron

9.223.000 personas, con una cuota de pantalla del 55,6%. Se ha emitido hasta la fecha más de 200 veces.

El argumento de es bastante sencillo. Un millonario empresario de éxito, atractivo, educado, discreto y con clase, viaja a Los Ángeles y contrata los servicios de una prostituta para que le acompañe una semana. Durante esos días, se van conociendo, intimando y enamorando. ¿Por qué gusta tanto esta película? Simplemente porque posee todos los estereotipos sociales asimilados y juega con los sueños, sentimientos e idealización del amor. A su vez, y esto pasa más desapercibido entre las jóvenes, es una película machista y sexista donde también aparecen reflejados todos los estereotipos machistas de la sociedad. Entonces ¿Por qué es tan aceptado su argumento y su historia? Porque tenemos asimilados roles de género que provienen de cientos de años atrás.

En 1950 se estrenó *"La Cenicienta"*. Cuenta la historia de una joven que es hija única, y su padre contrae matrimonio con Lady Tremaine, convirtiéndose en la madrastra de Cenicienta. Al morir su padre, toda la familia que la queda a la joven es su madrastra y sus dos hermanastras. La joven Cenicienta es soñadora, dulce, inocente, sin maldad, trabajadora y obediente. Ellas son malvadas, crueles, ambiciosas, y la maltratan todos los días. La obligan a realizar las tareas del hogar mientras ellas se van gastando todo el dinero que dejó su padre en herencia. Un día, se anuncia desde el palacio que se va a dar una fiesta con el fin de encontrar una esposa para el príncipe al que deberán asistir todas las doncellas casaderas. Cenicienta desea ir, pero debido a la esclavitud familiar a la que es sometida, no tiene tiempo para hacerse el vestido. Gracias a la ayuda de unos ratones consigue terminar el vestido justo el día que se va a celebrar el baile pero la madrastra y sus hermanastras lo destrozan. Ya sin tiempo y sin esperanza, aparece una hada madrina y la ayuda a que su sueño se haga realidad. Cenicienta ve como tiene vestido, carruaje, zapatos de cristal, joyas... pero la hada madrina la dice que debe estar antes de medianoche en casa porque el hechizo termina a esa hora y todo volverá a la realidad. Durante el baile, el príncipe rechaza a todas las jóvenes excepto a Cenicienta. Bailan juntos y se van enamorando, pero ella se marcha rápidamente ya que el hechizo está cerca de finalizar. En la huida pierde un zapato que encuentra el príncipe y empieza una búsqueda en todo el reino para encontrar a su amada. Al final, prueba el zapato de cristal en los pies de Cenicienta y se da cuenta que ella era la joven del baile. Finalmente. ambos celebran su boda y viven felices para siempre.

Esta película de dibujos animados de Disney es una oda a los estereotipos de la sociedad machista, y "Pretty Woman" es la historia de cenicienta en versión adulta. Tenemos a una joven hermosa cuya única familia son sus compañeras de trabajo, prostitutas como ella. Es atrevida, risueña, buena persona, alegre, lanzada, extrovertida, enérgica... pero con un nivel cultural muy bajo, cerca del analfabetismo que debe ejercer la calle porque es la única forma que pueda ganar algo de dinero. Es una esclava que debe alquilar su cuerpo para subsistir, para malvivir. No hay nada en su entorno que pueda proporcionarla una seguridad, un cambio de vida. Tiene la suerte que un hombre de negocios adinerado que va a hospedarse en un lujoso hotel contrate sus servicios. Él es todo lo contrario a ella. Un hombre inteligente, astuto, educado, elegante, tranquilo, buen posicionamiento, estatus social y laboral, con poder, seguro de sí mismo...

Así que se unen dos personas, dos formas de vida y dos personalidades totalmente opuestas. Durante unos días, ella compartirá cuarto en el hotel. Poco a poco se van conociendo y empieza a surgir cierta atracción. Pero ella no sólo es una mujer que está a muchos peldaños por debajo de él, sino que además es prostituta. Ella empieza a comprarse ropa muy cara y elegante en las mejores tiendas y boutiques de Los Ángeles. La regalan joyas, empieza a moverse por círculos sociales de clase muy alta, pero allí donde va, la delata su incultura y no la dejan de recordar quién es y que el sueño, el hechizo, terminará en poco tiempo.

Esta película es un claro ejemplo del modelo patriarcal que educa a la mujer, donde es el hombre quien la rescata para reinsertarla en la sociedad, quien la libera del yugo de la esclavitud y la convierte en una señorita respetable. Hay desigualdad y violencia de género, se estigmatiza a las prostitutas y denigran a la mujer, se lanza un mensaje equivocado a las jóvenes, a la espera de un príncipe que se enamore de ellas para poder llegar a ser alguien, a sentirse realizadas como mujeres y todo, gracias a la intervención del hombre.

La industria del cine, como cualquier negocio, recurre a la publicidad para vender sus películas, utilizando las mismas técnicas que hace la música, moda, productos de belleza, perfumes... y lo hace a través de los carteles que se exponen en las salas de cine donde se proyectan las películas, marquesinas, estaciones de metro, vallas publicitarias, periódicos y revistas. En una sola imagen deben captar la atención del espectador para que se sienta atraído en gastar su dinero y elegir esa película. El mayor reclamo publicitario puede estar en quién es el director, actores, actrices o la trama de la película, pero en los carteles todos estos nombres apenas tienen relevancia si se compara con la imagen. Los creativos utilizan los mismos estereotipos sociales para vender e impactar al espectador y emplean el mejor recurso que existe, el sexo a través de la figura de la mujer.

*"Esto es la guerra"*, película de 2012. Dos espías que luchan por conseguir a la misma mujer. Dos apuestos espías, jóvenes, atractivos, trajeados, con licencia para matar, valientes, seguros de sí mismos y hombres de acción, quieren como trofeo a la hermosa rubia de ojos azules. En el cartel de la película la mujer se sitúa entre ambos

mientras es apuntada por dos pistolas. Ella lleva un vestido rojo provocativo y un escote sugerente donde se muestran los pechos.

*"Los infieles"*, película de 2012. Un hombre trajeado mirando de soslayo a la cámara como quien mira por si alguien le está observando, posa de pie agarrando las piernas de una mujer que está tumbada, con

las piernas abiertas y levantadas. La imagen se corta justamente en la zona de los genitales de ambos personajes. Ella lleva puesto únicamente unos tacones de color rojo, y por la postura de los pies, parece estar en pleno acto y excitada. La frase que acompaña a la película dice: *"Estoy entrando en una reunión"*, insinuando por la imagen que donde está entrando es en la vagina de la mujer.

Este tipo de carteles donde se ve únicamente las piernas de la mujer abiertas es muy recurrente en el cine. Son cientos los carteles que publicitan la película de esta forma para llamar la atención del espectador. La figura de la mujer se reduce a enseñar sus piernas y nunca aparece su rostro, son decapitadas. Este recurso convierte a la mujer en objeto pasivo para el disfrute de la mirada masculina.

A principios de 2018, **Marcia Belsky,** una joven influencer fue quien recopiló estos carteles de películas de Hollywood y ha creado un movimiento que se llama *"The Headless Women Project"* (Proyecto de Mujeres sin Cabeza) para hacer ver cómo se utiliza la figura de la mujer mediante la fragmentación del cuerpo, deshumanizándola para convertirse en objeto pasivo de la mirada masculina. Ella afirma que estas imágenes tienen como finalidad enseñar a nuestras mentes a que las partes separadas y sexuales de una mujer son el equivalente al todo. Sólo con ver las piernas entreabiertas, se completa la figura de la mujer. No importa su mente ni cerebro, su intelecto, sus inquietudes.

Al decapitar la cabeza, se amputa las motivaciones y sentimientos, su personalidad, el cual no tiene interés para los hombres. Al no aparecer la cabeza, también se elimina el rostro. Todas las personas del planeta reconocen a alguien por los rasgos faciales. Ver un rostro y observarlo, es indispensable para empatizar con alguien, reconocerlo, ponerse en alerta... Cada hombre puede poner el rostro que desee en el cuerpo de cada cartel publicitario, sustituyendo a la verdadera por cualquier mujer que queramos y deseemos.

*"Secretary"* es una película de 2002.

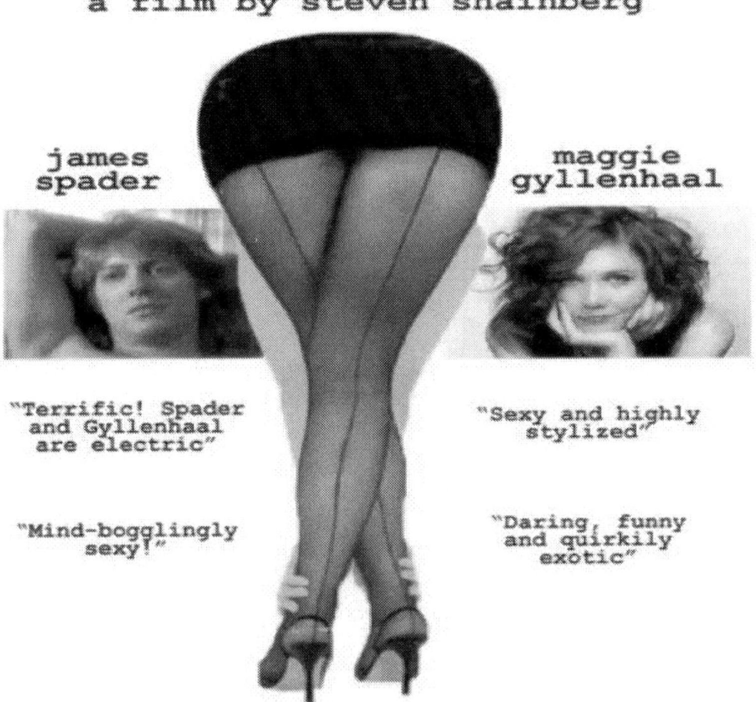

La protagonista ha estado una temporada internada en un centro psiquiátrico y quiere reinsertarse en la sociedad y comienza a buscar un empleo. Aunque no está muy preparada para el puesto de secretaria en una empresa, es contratada. Su jefe empieza a sentir atracción por ella al verla tan sumisa y comienzan una relación de sadomasoquismo. A ella le empieza a gustar el rol que tiene en el sexo y se enamora de su jefe.

El argumento de esta película es muy parecido a la serie de libros que revolucionaron las librerías de todo el mundo: *"Cincuenta sombras de Grey"*, una novela erótica escrita por Erika Leonard Mitchell, cuyo seudónimo es E.L. James. Este libro fue el primero de una trilogía que narra la historia de un joven atractivo, millonario, seductor, seguro de sí mismo, exitoso y con una vida de lujo, que mantiene una relación sexual con una joven universitaria recién graduada. El protagonista la enseña un mundo sexual desconocido para ella con prácticas sexuales de dominación, sumisión y sadomasoquismo.

El libro describe a la mujer como una joven tímida, divertida, de ojos azules, pelo castaño y vulnerable. Él es alto, delgado, ancho de hombros, pelo color cobre oscuro e intenso, ojos grises y brillantes, hace deporte, multimillonario, siempre consigue lo que desea, manipulador, encantador, sexualmente muy activo y con el don de saber perfectamente qué le gusta a las mujeres y cómo darlas placer, un placer mucho más allá del que han llegado a sentir jamás. Ella firma un contrato de sumisión donde él tendrá todo el derecho a someterla, azotarla, atarla y realizar cualquier acto sexual que crea conveniente para la búsqueda del placer. Él controla todos los pasos de la mujer y todos sus actos. Espías que la vigilan, controla su ordenador y emails. su alimentación, sus amistades, elige su vestimenta... y ella acepta todo.

El protagonista es promiscuo mientras que ella es virgen. Dicha virginidad es un regalo para el protagonista. Ella acepta todo lo que él la imponga porque para ella es un premio haber conquistado a un hombre como él. Es curioso que la escritora del libro afirme que esta obra es increíblemente feminista. Si analizamos la personalidad de Anastasia Steele, se nos presenta una mujer con todos los atributos machistas de la sociedad.

Ella es una mujer insegura y con baja autoestima que la lleva a compararse con el resto y siempre se ve inferior. Necesita de la constante aprobación de los demás para sentirse aceptada. Para ello, está constantemente intentando agradar y complacer. Al conseguir que Christian Grey se fije en ella, adopta la postura y actitud de sumisión, acepta y aprueba todo lo que él la imponga. Es una mujer que se siente sola y perdida, cree que no es buena en nada de lo que hace. Esto la lleva a ser muy responsable y exigente consigo misma para lograr estar a la altura de los demás. Es una persona muy romántica y con altas expectativas en el plano amoroso que sueña con el príncipe azul que la rescate de su soledad, la proteja y salve de la vida que lleva. Al encontrar ese príncipe, asume el rol de sumisión para no perderle.

Existe un sistema de clasificación de la personalidad llamado *"eneagrama de la personalidad"* que se utiliza para entender la psique humana y se utiliza en círculos psicológicos para crear arquetipos del mundo que nos rodea desde la percepción, pensamiento, sentimientos y actitud, para llegar a conclusiones que explican y definen la personalidad de cada uno. Su objetivo es comprender a los demás y conocernos a nosotros mismos, desarrollando nuestro potencial humano. El eneagrama consta de 9 tipos de personalidad distintos llamados *"eneatipos"* (3 sanos, 3 promedios, 3 perjudiciales). Todas las personas, sin excepción, están encasillados en algún eneatipo (puede ser más de uno), donde uno de los nueve prevalece al resto. Los eneatipos son válidos para ambos sexos. Christian Grey posee 8 de los 9 eneatipos que existen. Es un ser patológicamente enfermo.

Nuevamente estamos ante los estereotipos machistas y sexistas que existen desde el principio de los tiempos llevado al extremo. Muchos y muchas piensan que se trata de una relación de consentimiento, otros pensarán que se trata de una relación de sometimiento. ¿Por qué siempre es el hombre quien ejerce el papel de poder? ¿Por qué la mujer siempre es el objeto y quien debe someterse a los deseos de los hombres? Es muy inquietante que libros como este tengan un mercado tan amplio y aceptado entre las mujeres y que haya sido escrito por una mujer. Es posible que sea la fantasía sexual o erótica de miles de mujeres pero no por ello quieren que se haga realidad.

Muchos estudios en el campo sexual reflejan que una de las fantasías más recurrentes en las mujeres es ser sometidas en la cama. En las conclusiones se refleja que, mientras los hombres sí desean hacer realidad sus fantasías, las mujeres prefieren que se quede en simple ficción dentro de su imaginación en la mayoría de los casos. El 95% de las personas tienen fantasías sexuales. Un 60% de las mujeres desean ser sometidas y dominadas mientras que un 80% de hombres fantasean con un trío, donde muchos desean que una de esas mujeres sea su pareja. Esto no significa que en la realidad quieran que dicha fantasía se cumpla.

El motivo principal reside que en la fantasía de cada persona, al imaginarlo, no existen consecuencias que tendrían repercusiones en la realidad. Se diferencia claramente entre fantasía y deseo. ¿Ser mujer heterosexual que fantasea con hacerlo con otra mujer es lesbiana? ¿Un hombre heterosexual que fantasee con estar con otro hombre es homosexual? ¿Un hombre o una mujer que fantasee con ser observador mientras su pareja tiene relaciones sexuales con otro hombre/mujer significa que en la realidad quiera presenciarlo? Las fantasías actúan como videojuegos en nuestra mente, donde somos los protagonistas y podemos realizar los actos que queramos, sin importar las consecuencias porque no son reales. En un juego puedes matar cientos de enemigos, sentir placer en ello y querer más, no por ello en la realidad quieras ni vayas a hacerlo.

Virginie Despentes, exprostituta y lesbiana, desde hace años es escritora y autora de *"Teoría King Kong"* donde habla sobre el feminismo, dijo: *"La fantasía de la violación existe. La fantasía sexual. Si quiero hablar de "mi" violación, entonces tengo que pasar por esto. Es una fantasía que tengo desde que era una niña. Diría que es un vestigio de la escasa educación religiosa que he recibido, indirectamente, a través de los libros, la televisión, los otros niños del colegio, los vecinos. Las santas, atadas, quemadas vivas, los mártires son las primeras imágenes que me provocaron una emoción erótica. La idea de ser entregada, forzada, obligada, era una fascinación mórbida y excitante para la niña que yo era entonces. Después, esas fantasías me acompañan. Estoy segura de que son muchas las mujeres que prefieren masturbarse fingiendo que eso no les interesa, antes de saber lo que les excita. No todas somos iguales, pero no soy la única. Esas fantasías de violación, de ser tomada por la fuerza, en condiciones más o menos brutales, que yo declino a lo largo de mi vida masturbatoria, no me vienen "out of the blue" (inesperadamente). Se trata de un dispositivo cultural omnipresente y preciso que predestina la sexualidad de las mujeres a gozar de su propia impotencia, es decir, de la superioridad del otro, más bien a gozar contra su propia voluntad que como zorras a las que les gusta el sexo. En la moral judeo-cristiana más vale ser tomada por la fuerza que ser tomada por una zorra. Nos lo han repetido suficientemente. Hay una predisposición femenina al masoquismo que no viene de nuestras hormonas ni del tiempo de las cavernas, sino de un sistema cultural preciso y que tiene implicaciones perturbadoras en el ejercicio que podemos hacer de nuestra independencia. Voluptuosa y excitante, resulta también perjudicial: que nos atraiga lo que nos destruye nos aparta siempre del poder. En el caso preciso de la violación, se presenta el problema del sentimiento de culpabilidad: puesto que he tenido a menudo esa fantasía, soy co-*

*responsable de la agresión. Para empeorar las cosas, de este tipo de fantasías no se habla. Sobre todo si te han violado. Somos probablemente numerosas las que nos hallamos en esa situación: haber pasado por una violación y haber tenido anteriormente fantasías de ese tipo. Por tanto, sobre el tema, sólo hay silencio, porque lo que no se puede decir, puede destruir sin trabas".*

Estudios psicoanalíticos confirman que las mujeres y los hombres fantasean en igual medida imágenes mentales con imágenes aisladas. Las mujeres fantasean tener sexo con un desconocido, con otra mujer, con varios hombres a la vez, en lugares públicos o que la observen mientras mantiene relaciones sexuales. El estudio refleja que existe otra fantasía menos confesable: la violación o ser forzada.

Según el estudio *"Women's Erotic Rape Fantasies"* (Fantasías Eróticas de Mujeres Violadas), esta fantasía se encuentra entre el 57% de las mujeres. En ella, visualiza al hombre forzándola a mantener relaciones sexuales. Uno de los indicadores que conlleva a esta ficción es la atracción inmediata, sentirse tan irresistiblemente sexy que un hombre no pueda contener sus impulsos.

Pero sí que estamos ante una fantasía donde la mujer, aunque imagine ser forzada, sí lo está consintiendo porque es "su" fantasía y no la de otro. Es la mujer quien imagina un escenario, una acción, un hombre y cómo quiere ser sometida. Una vez finalice su fantasía, no hay traumas posteriores, no existe violación, no existe sufrimiento, dolor, y tampoco culpa ni estigmatización. Los mismo ocurre si es un hombre quien fantasea con forzar a una mujer. No es un violador ni debe temer a ninguna represalia, no existirá culpa ni remordimiento. Hay que tener muy claro lo que es fantasía de lo que es realidad: la imaginación no conlleva irremediablemente a hacerlo real. Cada persona es totalmente libre de fantasear con lo que quiera, desde poder, dinero, una vida idílica, viajar, empleo, sexo o ser otra persona diferente.

Las mujeres han vivido desde siempre bajo el yugo del hombre, sometidas y excluidas de la vida laboral, social, política, religiosa, familiar, económica... cuyo papel era secundario y siempre bajo la tutela del Estado, padre o marido. Cuando una mujer necesitaba ayuda o auxilio y veía que quienes la podían socorrer eran los mismos que las oprimían y permitían que la situación fuera la que vivía, el silencio era el único que las iba a escuchar. Y esto ha perdurado en el tiempo y en muchos países sigue estando vigente.

Esta situación patriarcal que parecía iba a ser eterna donde muchos hombres no son conscientes del daño emocional que se ejerce en las mujeres cuyo peso deben soportar desde que nacen, parece que ha llegado el tiempo y los vientos de cambio. Y son los hombres quienes deben ser conscientes del machismo generalizado que existe y es el verdadero culpable del movimiento feminista que ha emergido con fuerza en las sociedades de todos los países.

El feminismo no es la versión femenina del machismo, es un movimiento que busca la igualdad de la mujer en la sociedad. Busca un equilibrio. No es un movimiento para que la mujer sea superior al hombre o contra el género masculino. Reivindican las mismas oportunidades, que sea igual de valorada, misma remuneración salarial por el mismo trabajo que realiza un hombre, no tener la exclusividad del cuidado de los hijos y la tareas del hogar, no ser vista como una propiedad, un objeto sexual o cuyo objetivo final sea ser madre. El sexismo es un problema social como lo puede ser el racismo y la homofobia.

Pero como todos los movimientos que emergen, no todo es perfecto ni válido. Hay proclamas que no se ajustan a la realidad o surgen grupos extremistas que desvirtúan el mensaje y tergiversan la realidad.

Si en Estados Unidos el desencadenante de la ola feminista masiva fue el caso Weinstein, en España fue el caso de "La Manada". En las fiestas de San Fermín del año 2016, cinco jóvenes mantuvieron relaciones sexuales con una joven en el portal de un bloque de pisos de la capital navarra. Dicha joven les denunció más tarde acusándoles de violación en grupo. El 26 de abril de 2018 se hizo pública por parte de la Audiencia Provincial de Navarra la sentencia donde el tribunal no apreció indicios de violencia o intimidación. Esta decisión desencadenaría la movilización femenina y las protestas más enfatizadas que han existido.

Decenas de miles de mujeres inundaron las calles alzando la voz contra la indefensión a la que se ven abocadas las mujeres cuando son agredidas y violadas, sintiéndose desprotegidas por la sociedad y la justicia. Cádiz, Valencia, Bilbao, Madrid, Sevilla, Barcelona, La Coruña, Granada... no había localidad, barrio, pueblo, villa o ciudad que no se movilizara para mostrar públicamente su disconformidad y rechazo a la sentencia.

Si con el caso Weinstein las mujeres viralizaron #MeToo, twitter España se colapsó con el hashtag #cuentalo, #YoSiTeCreo, #LaManada, #NoesNo, #JusticiaPatriarcal y #EstaesNuestraManada.

Al leer y ser consciente de las miles de mujeres que manifestaban en las redes sociales sus casos personales sobre cómo habían sido violadas, abusadas y acosadas sexualmente así como los miedos, inseguridades, vergüenza y culpa que genera ser víctima, pregunté a mujeres de mi entorno si alguna vez se habían sentido acosadas o habían sufrido abuso o en el extremo, habían sido violadas. Mi sorpresa fue manifiesta cuando prácticamente la totalidad me dijeron que sí. No solamente lo habían sufrido alguna vez sino que la mayoría de ellas afirmaban que lo raro no es haber sido acosadas, abusadas o violadas sino que lo excepcional sería que hubiera muchas mujeres que no lo hubieran sufrido alguna vez.

Los hombres somos conscientes que existe maltrato, que mujeres mueren en manos de sus parejas por violencia de género, que existe la violación y el acoso sexual. Sinceramente pienso que los hombres no somos conscientes hasta ahora que está generalizado y muy arraigado en las sociedades de todos los países. ¿Cómo es posible que permanezcamos impasibles ante esto? Estas mujeres son madres, hermanas, primas, amigas, compañeras de trabajo, vecinas... Te cruzas por la calle con cientos de ellas cada día. Tienen miedo cuando caminan solas por la noche camino a casa, sufren en silencio los temores y la ansiedad que ello les genera, se guardan el dolor cuando son inocentes, se sienten avergonzadas o culpables en muchos casos cuando son los hombres y la sociedad quienes deberían sentir auténtica vergüenza que vuestras madres, vuestras hermanas, vuestras hijas, estén desprotegidas por la ley y que pueden ser víctimas cualquier día, en cualquier momento, en un lugar inesperado y por las personas que menos te imaginas.

La lucha feminista debería empezar en cada familia enseñando a sus hijos a respetar a las mujeres, en las escuelas, en los grupos de amigos, en las redes sociales... Las mujeres no están expresamente para satisfacer tus impulsos sexuales ni debes convencerlas de hacer aquello que no desean hacer. Ellas tienen sus gustos, predilecciones, inquietudes, motivaciones, sueños y miedos como cualquier hombre. No se puede seguir siendo cómplice de mirar hacia otro lado cuando vemos que un grupo de amigos intentan abusar de una chica que ha bebido de más. ¿Son estos los amigos con quienes te identificas? Imagina por un instante que esa joven es tu hermana o tu hija.

En México, el 96% de las mujeres encuestadas por el Instituto Nacional de Estadística y Geografía afirmó haber experimentado algún tipo de violencia sexual en espacios públicos y el 58% había sido manoseada. En India, Bangladesh, Pakistán, Vietnam, Tanzania o Camboya, 1 de cada 2 mujeres afirma haber sido manoseada por desconocidos en espacios públicos. En Egipto la cifra de mujeres que aseguran haber sufrido abuso sexual es del 99% y en Sudáfrica el 80%. Los datos son estremecedores y la pauta es esta en todo el planeta. Según una investigación realizada por la organización *"Stop Street Harassment"*, el 65% de las mujeres estadounidenses ha sufrido algún tipo de acoso en público donde 1 de cada 4 mujeres han sido acosadas sexualmente y el 37% no se siente segura caminando a casa por la noche.

Cada 18 segundos una mujer es violada en México; 180 mujeres cada hora; 4320 cada día; 30.240 cada semana; 120.960 cada mes; casi un millón y medio cada año. ¿Cuántos hombres son castigados por violación en México? Solamente entre el 2% y 5%. Los datos son desoladores porque tras estos números hay vidas y familias destrozadas y son muchas quienes volverán a ser nuevamente víctimas.

En España, cuatro mujeres son violadas cada día. Los datos oficiales según Europa Press indican que en 2009 se registraron 1304 violaciones; 1177 en 2010; 1513 en 2011; 1280 en 2012; 1298 en 2013; 1239 en 2014 y 1127 en 2015. El *"Caso de la Manada"* lo que dejó claro es que apenas se denuncia en España, siendo uno de los países de Europa donde menos se denuncian estos hechos. Se estima que el 80% de agresiones sexuales y violaciones no se denuncian por vergüenza, miedo a no ser creídas, revictimización, estigma social y poca fe en la justicia y el duro proceso que conlleva hacerlo.

Si en España suceden cuatro violaciones diariamente, significa que al año hay 1460 casos (sin contar abuso y acoso sexual). Si el 80% de mujeres que son violadas no lo denuncian, serían 1168 víctimas más al año en España, país donde una mujer NO es violada cada seis horas. Una mujer SÍ denuncia que ha sido violada cada seis u ocho horas pero hay más violaciones que denuncias. En el 18% de los casos, la agresión fue perpetrada por un desconocido mientras en 8 de cada 10 casos el asaltante había sido una persona conocida por la víctima (42%) o un pariente (23%).

No todos los hombres son acosadores y depredadores sexuales pero el 99,6% de las personas que entran en la cárcel por abuso sexual y violación son hombres.

Las mujeres ven día tras día cómo los violadores salen impunes de sus actos, no sólo en España sino en Europa, América, Asia, África y cualquier rincón del planeta. Ante esta situación deciden no denunciar y que el silencio sea el olvido. Pero este mutismo que ha permanecido interiorizado durante años, se convirtió en un fuerte ruido en las calles de toda la península y su eco se extendió a diferentes países. Las mujeres han decidido decir basta a siglos de opresión, de ser ignoradas, no ser escuchadas, no tener los mismos derechos y tener que mantener silencio.

Al día siguiente de la sentencia de que la Audiencia Provincial de Navarra dictaminara que no fue una violación y miles de mujeres se echaran a la calle a protestar, la periodista y escritora Cristina Fallarás puso en Twitter:

*27 abril 2018 19:16 horas*

*Cristina Fallarás @LaFallaras*

*He arrancado el día proponiendo el #cuéntalo porque creo que CASI TODAS hemos sufrido algún tipo de agresión sexual*

Este tuit revolucionó la red social Twitter, y cientos de miles de jóvenes y mujeres empezaron a hacer público y contar cómo fueron víctimas de abuso sexual y/o violación. En poco más de una semana, más de dos millones de historias se colgaron a través de ese hashtag. Todas las mujeres que no se atrevieron a denunciar en su momento, utilizaron esta iniciativa para denunciar públicamente. Cada mujer que lo hizo tendría sus motivaciones personales para hacerlo en ese instante. La incesante catarata de relatos, reflejaba que no son hechos aislados y esporádicos, y no podemos negar la evidencia que es un problema cultural y social muy grave, y que todos los hombres, sin exclusión, debemos reflexionar seriamente sobre la sociedad en la que creemos vivir y en la que realmente vivimos.

Leer las confesiones de estas mujeres es una lectura obligada porque es la muestra evidente y palpable de una realidad. Son historias que han sucedido, no son ficticias, son crudas e incómodas, hacen que agaches la mirada, te retuerzas al leerlas, seas tú quien ahora permanezca en silencio mientras ellas hablan, sin capacidad de réplica, mientras observas su valentía exponiéndose públicamente cuando los violadores y acosadores son los cobardes, cuando sabes que cuantos más casos se publican, es un paso más para que una joven nunca sufra abuso sexual ni sea violada.

Todos los tuits que acontinuación se van a exponer son reales, escrito por vosotras, sin ningún tipo de modificación ni alteración, sin agregar ni eliminar una sola palabra. Únicamente se ha corregido las faltas de ortografía, acrónimos, abreviaturas y signos de puntuación. Los testimonios revelan que vivimos en una sociedad sexista y machista, donde los hombres agreden psicológica y físicamente a las mujeres cada día. No se puede consentir seguir viviendo en una sociedad enferma donde los impulsos del hombre se supediten a la libertad de las mujeres, su seguridad, integridad, intimidad y sexualidad.

Estos son sus relatos, experiencias y su voz. Algunos de los mensajes que a continuación se exponen, pueden herir la sensibilidad del lector/a debido a su carga emocional, dramática, traumática y un lenguaje directo.

### *@Cargador2LoL*

A mi con catorce en unas fiestas una chica me pidió que por favor la acompañase a la puerta de su casa, que la venía siguiendo un tío. Nunca olvidaré su cara, estaba pálida.

### *@CDRigrotbo*

Con quince años, andando por la calle, un tipo metió su mano violentamente entre mis piernas, por la espalda, agarrando tan fuertemente mi pubis que incluso mis pies se separaron del suelo. Mi reacción fue de parálisis total. No grité, no hice nada hasta que se alejó.

### *Elena Bright @eamaya*

El quería colaboración profesional si incluía sexo y, cuando dije #NoEsNo, dejó de tratarme como profesional. Si hoy estás indignado, reflexiona sobre qué puedes cambiar tú.

### *Paulina Rodríguez @_PauR_*

Con diecisiete años, desde la parada del bus al instituto, me siguió un tío (No sabría precisar la edad: en la treintena aproximadamente). Al llegar al centro me metió mano y cuando me di la vuelta se rió en mi cara. Tengo treinta y cinco años y su cara grabada a fuego.

### *Amparc @AmparoConesa*

Mi vecino, en el ascensor, sacó de mis bolsas de la compra un espetec y me dijo: *"Así me lo pones muy difícil"*.

### *Eva M. Fernández @evasis87*

Cuando tenía diecinueve años, un chico me agarró en la disco, me empotró y me metió la mano en el culo, sonriéndome mientras sus amigos le jaleaban y reían la gracia. Mi reacción fue pegarle un bofetón y salir corriendo. Me persiguió y sólo paró cuando fui hacia el segurata.

En mi pueblo había un "viejecito adorable" que siempre aprovechaba descuidos o "tropezones" para rozarme las tetas. Al principio pensé que era inocente hasta que un día probé a cruzar los brazos para evitar accidentes y lo hizo igual. El asco me duró dos días.

### *Mari Carmen López @maica59mar*

¿Qué mujer no ha sufrido algún tipo de acoso? Yo creo que la mayoría, pero el miedo a no ser creídas, hace que se guarde silencio, y todo porque no confiamos en la justicia.

### *Alicia Vally @alicebside*

Un grupo de tíos me rodeó, manoseó e intentó quitarme la ropa, hasta que alguien intervino. Yo tenía dieciocho años.

### *Concha @ccalabis*

Me pasó algo parecido a los catorce, en un interminable transbordo, al llegar al andén grité: ¡Dejadme en paz ya "ostia"! Eran dos. Me amenazaron con tirarme a la vía, les calmé diciendo: "Bueno, perdonar y tal! (yo de uniforme) subí al metro callaron y no me siguieron más.

### *Im-Pulso @fsoriag*

En una ocasión intervine contra un hombre que golpeaba a una mujer (en plena calle y con unas veinte personas a menos de veinte metros). Él sacó una navaja y NADIE me ayudó, TODOS se alejaron, no me la clavó gracias a la mujer a la que pegaba. Jamás la olvidaré.

### *Ana @_afernandezk*

Compañera de universidad. Paseando a su hijo en el carro. Un tío, 20-22, en bici. Pasa a su lado, le agarra el culo y sigue descojonándose. Para ellos son dos segundos de diversión. No les queda el más mínimo remordimiento después. A nosotras se nos queda grabado de por vida.

### *Claudia Webers @ClaudiaWebers*

A mi me intentaron violar de niña unos chicos adolescentes del barrio... El destino quiso que no sucediera porque pude escapar saltando el muro de la casa de una vecina y ella me ayudó... Sé lo indefensa que una se siente.

### *Miriam @Qukika*

Yo, con quince años, tenía que aguantar que mi vecino, veinte años mayor, me asediara con comentarios lascivos y ofensivos cada vez que lo encontraba en la escalera. Es una de muchas que he vivido desde la adolescencia hasta hoy.

### *Junkal @j240999*

Para llegar al colegio nos hacíamos toda la línea 3 del metro. Estuve años detectando en la mirada de mi hermana cuándo un cerdo le metía mano. La pobre se paralizaba. Yo me situaba a su lado y le daba patadas. Teníamos diez u once años.

### *Gemma @gemmak80*

Cuando tenia veintiunos, un hombre que me cruzaba cada mañana se me insinuaba. Tuvo que venir mi padre a darle un empujón a ese cobarde.

### *Emma @EmmaGon2*

Principios años ochenta. Apenas veinte años. Me drogaron/adormecieron. Sólo recuerdo mis vanos intentos de decir "no", el dolor punzante bajo vientre y mis nulas fuerzas para quejarme siquiera. No denuncié, como tantas otras.

### *@Femakrata*

Me encerraron, me acorralaron, me tocaron, quise gritar y una mano me sujetó la mandíbula y me tapó los labios. Siempre pensé que si me ponían una mano en la boca la mordería, pero no pude y me supe atrapada, sin escapatoria conocida y sin capacidad de pensar.

### *ZzzZZz @zuperpatrizeta*

1991, yo trece años. Park Güell, con una amiga. Un grupo de niños de unos quince años nos rodearon y empezaron a manosearnos y a morrearnos. Acabé acorralada contra un muro y con el más "lanzado" resiguiendo mis curvas con la punta de una navaja.

### *@CucadellumMo*

La que más me marcó, con unos siete años, en el cine un hombre empezó a manosearme las piernas. Me quedé paralizada. No entendía nada. Entonces me metió la mano por dentro del short y tocando mi vulva. Aterrorizada me levanté para ir a buscar a mi abuelo y él salió pitando.

### *Lita Toa @PilitaToa*

Volviendo a casa de madrugada, me cierra el paso en la acera con su coche y me pide que me vaya con él. Me doy media vuelta, me sigue, me agarra, me suelto y me meto en un bar abierto al grito *"llamad a la policía"*. El del bar: *"Llama tú, ahí tienes el teléfono"* (década de los noventa).

### *Sapphira @SapphirasHeart*

Me pasó algo muy similar, pero yo tenía veintiséis. Me quedé paralizada. No pude reaccionar hasta pasados unos segundos (los más largos de mi vida), y cuando conseguí echar a correr tuve que escucharle decir que eso me pasaba por guarra, por ir medio borracha a esas horas por la calle.

### *Ailaze @Ailazes*

Dieciséis años. Un compañero de clase empieza una conversación normal por msn. Sale el tema de si hemos tenido relaciones, yo digo que sí y él también. A partir de ahí empieza a acosarme por el chat durante días. No entiende que no quiera follar con él. Las fases van desde presionarme hasta llamarme guarra y zorra. No acepta el no. Recuerdo a un amigo diciendo: *"No me imagino cómo ha tenido que ser para que tú te hayas sentido tan mal".*

### *@Chyeko*

Seguro que no soy la única, seguro que llevas años sin contarlo, seguro que crees que son tonterías, pero si te sientes valiente #cuentalo porque yo siempre sentiré que estas mierdas me quitaron parte de mi infancia y adolescencia.

### *Natalia Castro @nataliacastrov4*

Cuando tenía quince años, en el camino del colegio a casa me cogieron una pandilla de chavales de mi edad y me metieron mano por todas partes. Estuve un año sin salir de casa. En el hospital haciéndome una ecografía de mama, estaba acojonada porque tenía un bulto, entró un celador, se sentó en la camilla donde yo estaba con las tetas al aire y me puso una mano en el muslo.

### *Carmen Buades @karmenbaobab*

A mí también me ha pasado. Dieciocho años, fiestas de Sant Joan, Menorca. Un grupo de tíos me rodea entre el gentío, me agarran de un pecho, intentan romperme el sujetador, grito. Un amigo mete el brazo en el círculo y me saca de ahí llena de golpes. No denuncié.

### *@KuraiEnde*

Diez años. Ayudábamos a una amiga a aprender a patinar cogidas de la mano cuando de repente un hombre pasa por el medio, rompiendo nuestra unión. Sorprendidas por el gesto tan brusco le miramos: se ha colocado delante nuestra y se está masturbando. Aprendimos a patinar porque salimos corriendo, huyendo.

### *@juanacastro670*

Uso cuenta falsa porque no quiero que sepan quién soy. Fue un tío del Tinder. Nos lo pasamos bien, le llevé a casa. Abriendo la ventana me dio el primer bofetón. Hizo conmigo lo que quiso. Lloré en el baño y se marchó. Los moratones salieron a los dos días.

### *Beatriz Jiménez @Beajimenezt*

Embarazada de siete meses, desnuda de la cintura para abajo en la camilla, el ginecólogo me dijo: *"Las mujeres, calladitas, estáis más guapas"*, y me dio un azote en el culo porque preguntaba mucho. Me quedé bloqueada y no dije nada.

### *@TormentDrake*

Antes de cumplir diez años, mi madre me mandó a un recado a la tienda de abajo de mi casa. En el portal había un tipo joven. Sacó su pene y me hizo tocarlo con la mano. Después me dijo que me bajara las bragas. Me eché a llorar. Me dijo que me fuera a casa y subí corriendo.

### *Dolors Romero @Dulors*

Cincuenta y un años. Seis de la mañana, invierno. Un encapuchado me tocó pecho y pubis. Tardé en reaccionar, no daba crédito. Le arreé cuando recuperé el sentido con el portátil y salí detrás de él gritándole. Nadie abrió una ventana.

*Blanca Torá @bla_nca*

Y otra cosa: hombres, por favor, cada vez que en un grupo de whatsapp o estando con vuestros amigos se hagan comentarios machistas o faltones, no respondáis con risitas. Decid en alto lo que pensáis sin miedo. A la próxima se lo pensarán seguro antes.

*Maite @mriater*

Con dieciséis años, camino del colegio, un tío salió de entre unos coches tocándose y mirándome mientras decía cosas que he olvidado. Al día siguiente otra vez. Al tercero lo conté en casa y me acompañó mi padre con un palo en la mano para asustarlo. No salió.

*Lulú Lé Lá @luchy_ruiz87*

Pedirle al taxista que te espere hasta que abres tu portal.

*Lis Anyway @soclalis*

Con nueve años, en la calle al lado de mi casa. De repente me coge en brazos un individuo y me tapa la boca. Me resisto como puedo y logro zafarme. Aún siento miedo a veces yendo sola por la calle. Voy a cumplir cincuenta.

*@A_ Warrior18*

Tenía un compañero en mi anterior empresa que me insistió mucho para que fuese a la cena de navidad. Al final fui porque iban compañeras con las que me llevaba bien. Él me advertía de "broma" el día de la cena te voy a violar.

*Inés García @LaMaryTaperton*

¡Uf! ¡Cuánto dolor y cuánta rabia contenida! Todas (o casi todas) tenemos una historia que contar.

*Sol de Invierno @RebelleSoleil*

Yo catorce, él diecinueve. Mi primer novio. Yo era virgen. Me violó en la fiesta de mi cumpleaños. No se lo conté a nadie. Sentía miedo y vergüenza. Él me decía que lo meterían en la cárcel. Lo hizo cuatro veces más antes de poder dejarlo. Después me siguió acosando y amenazando por teléfono.

*@pastoreta1*

Han pasado muchos años y aún no estoy preparada. Sólo sé que destrozó mi vida, mi futuro. Tenía dieciséis años. Aún no había conocido varón.

*@comodin19*

Valencia, con veintidós años, en el autobús un señor mayor se sienta a mi lado impidiéndome salir, se pone a mover la mano dentro del bolsillo. Pensé que era parkinson hasta que empezó a decirme guarradas y eyaculó... me sentí avergonzada y bloqueada. No fui capaz ni de moverme.

*Mayte @mayrevolucionya*

Habría que contar también a cuántas mujeres los "machos" de los cuerpos de seguridad del estado español nos metieron mano con la excusa del cacheo en plena calle y a plena luz... allá por los años ochenta y noventa.

### *@palpalitopaloeh*

Tengo para cansarme. Desde el que me agredió hasta el que me siguió con el coche por la calle, el que se me intentó colar en el portal y todos los que gritan mierdas... ah, y los que se masturbaban en el parque cuando tenía trece años.

### *@_Colibrina*

Con catorce años en un campamento Scout me tocó dormir con mis dos compañeros y con otro de otro grupo. Todos de diecisiete años. El que no era de mi grupo empezó a meterme mano en mitad de la noche mientras le decía a mis compañeros: *"Esto de aquí no sale"*.

### *@estherfa26*

Dos abusos en mi vida, no quiero recordarlo, ni puedo contarlo, a los catorce y a los veinticinco. Ahora tengo cincuenta. Y he de ver a uno de ellos a la fuerza.

### *Luisina @ramcer10*

Pero por desgracia no solemos tener una sola situación como mínimo desagradable. Yo me libré por los pelos de una violación cuando un tipejo me agarró del pecho y me quiso llevar a un callejón. Conseguí zafarme mordiéndole las manos con todas mis fuerzas.

### *Lore Beltz @Lorebeltz_*

El día que cumplí dieciocho años, mi padrino me llevó a solas a su oficina y ante mi sorpresa se abalanzó, me besó, me metió mano y no llegó a más porque le encaré y juré que se lo contaría a toda la familia. Intentó comprar mi silencio con 50€. Gracias a mis padres, que me creyeron y apoyaron.

### *Dalia Crespo @Daliaysusopa*

Con doce años, un "amigo de la familia" de veintitrés, se me arrimaba para sobarme porque *"eres demasiado guapa para dejarte en paz"*.

### *@mantonieta1536*

Salí con un chico amigo de un amigo, tomamos algo y después de unas horas me acompañó a casa en coche. En mitad del camino se desvía a un polígono y quiere que le masturbe. Paso de él porque no me ponía nada y me dejó allí sola en medio de la nada. Tenía diecisiete años.

Mi madre me explicaba que en su ciudad, cuando viajaban en el tranvía, las mujeres llevaban siempre un alfiler de esos que la cabeza era una perlita, para pinchar en sus partes a los hombres que se frotaban contra sus culos. Ella este año cumpliría ochenta años.

### *@AuroGnzlz*

Con dieciocho años, un hombre me toqueteó en un autobús, me levantó la mano, me sacó una navaja y me amenazó con cortarme el cuello. Le condenaron a un año por abuso sexual.

### *@Anuskanimalista*

Si sirve para ayudar, allá voy. Sufrí abusos sexuales a los cinco años y mi memoria lo enterró. A los trece años me acordé de absolutamente todo, imágenes y ruidos... pero callé porque veía a esa persona muy a menudo, era un familiar.

No he sido capaz de tener relaciones sexuales porque me repugna, porque ese ruido taladra mi cabeza y no lo soporto. La madre y hermanos de esta persona salieron en su defensa cuando todo estalló, mi tía y mis primos. Me han dicho que miento. Ahí me sentí violada por segunda vez.

Va a hacer ocho años que mi cabeza y cuerpo no pudieron más (agorafobia, pesadillas, crisis de ansiedad, insomnio, perdí la mitad de mi pelo...) y ya no pude seguir soportándolo, no quería ver más a esa persona y tuve que contárselo a mi madre. A día de hoy tengo treinta y seis años.

### *@paula_oniria*

Dieciséis años. En las fiestas del pueblo dos tíos más mayores que yo me destrozaron la vida. Para los detalles sigo sin estar preparada.

### *Raquel Frdz-Veiga @emocionycambio*

Como el abuso sexual y la violencia machista nos ha herido desde niñas, el acosador protegido, las víctimas cuestionadas sufriendo en silencio armadas con corazas de culpa por los siglos de los siglos. Pobres todas, las de ahora y las de antaño.

*@Sirereta*

Primer novio. Yo quince, él diecinueve. Intentó violarme, me resistí y me fue dando una paliza hasta que conseguí salir por la puerta. No denuncié porque se lo conté a mi padre y no le dio importancia. Siguió acosándome un tiempo hasta que se cansó.

*The Piur @puringerMe*

Fui violada en la calle, de noche, a punta de navaja, por un desconocido. Mi única obsesión era sobrevivir. Durante mucho tiempo, una parte de mí seguía culpándome. Por la ropa. Por el maquillaje. Por caminar sola de madrugada.

*@ChaoticNaerys*

¿Os dais cuenta de que la mayor parte de las historias ocurrieron antes de que las protagonistas cumpliéramos dieciocho años? ¿Os dais cuenta de cuánto abuso sexual sufrimos las mujeres siendo niñas y adolescentes en España?

*@ana_ni1menos*

Yo soy de las que hizo la estupidez de resistirse, la estúpida que denunció. Ojalá pudiera contarlo con dos líneas, ojalá no me siguiera sintiendo mal, ni me sintiera mínima aún.

*@akane_bernal*

Me han seguido, me han amenazado, me han manoseado y aun así se puede considerar que he tenido suerte, es muy triste.

*Marina Lobo @marinaLobL*

No podría decir cuántas noches he pensado que me iba a pasar algo camino a casa. Y el alivio que sientes cuando cruzas la puerta.

*@Anatizona*

El alivio que siente una mujer cuando llega a casa de noche y cierra la puerta, sólo lo entiende otra mujer.

*Stéphane M. Grueso @fametin*

Leyendo te das cuenta de la cantidad de hombres delincuentes que nos rodean en la absoluta impunidad.

*Irene Montero (Ministra de Igualdad) @Irene_Montero_*

Sentir miedo al volver a casa por las noches: fingir hablar por teléfono o pedirle a una amiga que no cuelgue hasta entrar en el portal, correr nerviosa los últimos metros con la llave preparada. Nos ocurre a todas, ahora lo vivimos en común. No estamos solas.

*@lavecinarubia*

Siempre que vuelvo a casa sola de noche aprieto las llaves tan fuerte que me hago marcas en las manos. Siempre que salgo sola con mis amigas nos ponemos mensajes para saber que hemos llegado a casa y no dormimos hasta saber que hemos llegado.

### *Julia Bayo Gallego @JuliaBayo1*

Sé que para vivir con miedo hace falta mucho valor, sé que no soy una cobarde, lo sé. Sólo se lo conté a mi psiquiatra, aguantado las lágrimas, con cierta frialdad, tan grande era el dolor... Mi alma aún está herida, mi alma aún llora, no está preparada para contarlo, lo siento.

### *Paula Borja @pau_borja*

Tengo treinta y dos años y me despierto con miedo cuando se me cae el edredón por las noches. Cuando era pequeña me pasaba igual. El hombre que más tenía que haberme querido tiraba el edredón al suelo y ahí empezaba todo.

### *Elisa Maza @ElisaMaza77*

Fue mi padre, y empezó antes que mi memoria. ¿Dos, tres años? ¿Menos? Acabo de cumplir cuarenta y uno y hace unos meses volví a terapia porque, aunque creía que sí, no lo he superado. Depresión crónica, ataques de ansiedad, pesadillas... Nunca tuve pareja. Sola me siento segura.

### *Bebu @srtabebi*

He sido abusada sexualmente once veces en mi vida, que yo recuerde. La primera vez tenía cinco años. Sólo cuento lo que yo considero abusos. No incluyo ni faltas de respeto ni acosos ni violaciones.

### *Nara @silviagreenday*

Tengo dieciocho años. A los catorce me violó un chico. Él tenía veintiún años. DJ de una discoteca para menores. Hasta el día de hoy estoy amenazada de muerte. A los dieciséis años un chico de mi instituto abusó de mí. A los dieciocho, este año, un chico de mi clase intentó violarme. YA ESTOY HARTA.

## *Elvira Sastre Sanz @elvirasastre*

Un tío me drogó echándome algo en la bebida cuando era adolescente y se aprovechó de mí en mitad de la calle. No lo recordé hasta días después. No era yo, era mi cuerpo y su decisión. Aún se me revuelve el estómago cuando lo pienso.

## *@Odi_sea*

Con diecisiete años, en una cena de graduación un hombre empezó a perseguirnos por la calle. Éramos cuatro chicas. Echamos a correr hasta la policía y él nos siguió y esperó enfrente. Al querer denunciar, el policía nos dijo: *"Eso es que vais muy guapas"*.

## *@poniatiya*

Un profesor me violó durante dos años engañándome y chantajeándome. Fue condenado a seis años de cárcel, cumplió tres por buen comportamientos. Yo llevo casi catorce en tratamiento psiquiátrico.

## *@TeresaSanz9*

Tenía trece años, volvía del colegio a las 17:30 y como de costumbre, el bus estaba a reventar a esas horas. Un abuelo, de setenta y cinco años aproximadamente, empezó a tocarme de manera continuada mi parte íntima. No sabía que hacer, os lo prometo. Ahora lo pienso y vomito.

***Monika @ilargiblue***

Tengo cuarenta y dos años, he visto y sufrido todo tipo de situaciones y aún no he conocido una sola mujer que no haya sufrido algún tipo de abuso o agresión. Ni una de nosotras ha llegado a la edad adulta sin algún percance o trauma. ¿Sois conscientes de la magnitud?

***Olga @olga_sanchzcabe***

Todas hemos sufrido algún tipo de abuso sexual, incluso sin darnos cuenta. Pero te callas, por vergüenza, por culpabilidad, porque no quieres ser una exagerada, por miedo. No estamos solas, no somos las únicas, no somos las culpables.

***@Magglanna***

Hace un año en la clase de mi hija tres niños sujetaron a una niña en el patio para darle un beso. Ella no quería. ¡6 AÑOS tenían! Así empieza todo.

***Isabel @laninaisabel***

Intentaba rozarse, me decía que tenía "un polvazo". Se tocaba cuando me veía. Lo hablé con mis profesores asociados y me dijeron que *"no se podía hacer nada porque era un respetable médico, padre de familia"*. Ascazo máximo.

***Stormnorn @delatormenta_***

Especialmente, recuerdo una vez en la que sólo miraba al techo esperando que acabara ya, terminar y llorar, llorar todo el día siguiente. Y pensar que era mi culpa por no haber insistido más en el no.

*@KirisuMaiden*

Un día, un chico de la residencia entró en mi cuarto mientras dormía, se desnudó y se metió en mi cama. Acto seguido empezó a darme besos por el cuello y a meterme mano. Le empujé y lo volvió a intentar varias veces hasta que me fui a otro cuarto a dormir.

*Nadia Risueño @nadieesnadia*

Sí chicas, yo también he rechazado a un chico e inmediatamente me ha insultado, denigrado, se ha reído de mí, se ha burlado de mi físico y ha llegado a amenazarme.

*Venice Queen @Heartofveniceq*

Me acosaban sexualmente en el instituto. Al contarlo a la dirección varias veces, me dijeron que era un juego, una tontería, que me lo inventaba o que no podían hacer nada. Acabé cambiándome de centro.

*Lauri @LauraLorenzo4*

Me han acosado por la calle por llevar falda/vestido. Me han insultado por no responder a sus "piropos". Me han seguido de noche. Mi madre, si llego muy tarde, se asusta porque le da miedo que esté sola con "todas las cosas que están pasando" Me han llamado exagerada.

*@Anamasnaguchi*

Con dieciocho años, en la barra de un bar en Marín, un señor se sentó a mi lado y me empezó a susurrar guarradas y a pedirme continuamente tocarme. La situación se desmadró tanto que me tuvieron que esconder en la cocina del bar para que me dejase. Es profesor de la ESO.

## *@MariaA12502*

A veces no salgo porque sé que la única manera de volverme es sola y me da miedo. Volviendo sola de la feria la semana pasada, un grupo de cinco hombres (de treinta años aproximadamente), se pusieron detrás mía a hacer ruiditos. De repente empezaron a soltar frases como: *"Hay que marcarse una manada" "el chicle es un máquina" "tenemos que hacer algo así"*.

## *@_chocoqueen*

¿Sabéis que tienen en común todos los tíos que han abusado de mí? Que todos son buenos chavales, buenos hijos, buenos amigos. Que si se lo contara a alguien de su círculo cercano, nadie me creería (de hecho, ya me ha pasado) porque son chicos completamente normales.

## *@ladythelunatic*

Muchas noches me quedaba a dormir en casa de mi prima y mi tío me sacaba de la cama en mitad de la noche, os imagináis el resto. Yo tenía seis años. Quince años después, cuando salió la verdad, toda mi familia cortó el contacto conmigo.

## *@MirandaCastil*

Dieciséis años. Salió de fiesta con sus amigas. En su regreso a casa un hombre de cincuenta y dos años la sube al coche. Fue violada y luego apuñalada diecinueve veces, en la espalda, la nuca y el cuello. Yo lo cuento por ti, Eva.

*Carmen @sinremite*

Lo peor no es lo que contamos, lo peor es lo que callamos porque aún no estamos preparadas.

*Marla @nxstvlgia*

A los catorce años rechacé a un chico de mi clase. Eso supuso un curso de acoso sexual continuado. Me metían a oscuras en un baño entre varios y jugaban a cazarme y meterme mano. Ellos se reían, yo lloraba, nadie hacía nada.

*María Gallego @aryutokintumi_*

Cuando iba en el bus para la universidad, un hombre empezó a restregar sus partes contra mí. Todo el camino. Cuando llegué a mi parada, antes de bajarme, me miró y me sonrió. Se lo había pasado genial. Yo llegué llorando.

*@SairalindeStark*

Doce años. Sola en casa. Llaman a la puerta. Un señor mayor, sucio, deduzco que un mendigo, me pide dinero o algo de comer. Le hago un bocata. Cuando se lo doy me agarra de la muñeca e intenta besarme. Forcejeo con puños y hasta pies, y en cuanto puedo cierro la puerta.

*@Trizia_Curtis*

Iba por la calle con un grupo de amigas, de entre nueve y once años, a plena luz del día. Pasamos cerca de un grupo de señores de unos cincuenta años y uno de ellos nos gritó: *"Os comía el coño que os corríais veinte veces"*. Lo recuerdo porque yo ni sabía qué era eso de correrse. ASCO.

### *Ana B. Rodríguez @MissAnaRyu*

Las cientos de veces que dices que no a un tío y no te hace caso. Sólo para de insistir cuando dices que tienes novio (sea verdad o no). NO te respetan a TI, respetan la PROPIEDAD de otro hombre.

### *@DINGO40378066*

Mis padres emigran y me dejan al cuidado de una tía. Yo tenía trece años. Su marido exigía que yo me bañara sólo si estaba él presente. Cuando yo tenía la regla, tenía que pedirle las compresas a él. Más tarde intentó lo mismo con su nieta. Pero yo lo conté y se acabó.

### *Ana @AbadS_A*

Un niño de unos ocho o diez años, nos dijo a *@marina__mp99* y a mí que teníamos buenas tetas. No se nos veía las tetas a ninguna de las dos dos. ¿De dónde saca eso un niño de esa edad? Desde tan pequeños ya les enseñan a cosificarnos. Me parece asqueroso.

### *María Coll Amengual @maraquess*

Incluso con una pareja se pueden sufrir abusos sexuales, pero nadie dice nada porque es normal, es lo que toca y está demasiado normalizado. Y duele igual.

*@DeirAmeba*

Mi tío abusó de mí cuando tenía menos de diez años. Estaba viviendo en mi casa porque pasaba una mala racha. Mis padres no lo saben.

*Kim @LMSire*

Mi primer novio, con dieciséis años, me obligaba a chupársela sabiendo que me daba asco y que no quería, con la excusa de que si no lo hacía no le quería.

*Marta @martolius*

Tengo veintidós años y una leve discapacidad psíquica. Cuatro hombres me raptan y me violan repetidamente. No contentos, me atropellan siete veces. Aún con vida me rocían con gasolina y me prenden fuego. Tres de mis asesinos están en la calle. Lo cuento yo porque Sandra Palo no puede.

*Dulzai @dilatavenas*

Yo sufrí una agresión hace un año por no querer bailar con un "hombre". Un chico de veintisiete años me pegó un puñetazo en el ojo izquierdo por decirle NO.

*Nuria @nuriapps*

Cuando era pequeña, me quedé a dormir en casa de una amiga. Nos pusimos a ver una película: ella se quedó dormida, yo no. Llegó su padre, se sentó a mi lado en el sofá y empezó a meterme mano. Debía tener unos siete años. Se lo conté a mis padres a los dieciséis.

*Kira Battiston @kirabatts*

Que tu pareja te haga chantaje emocional para conseguir sexo aunque tú le hayas dicho repetidamente que no quieres, también es abuso.

*Laura Hernández @Abeberdina*

Mi padre me enseñó defensa personal desde los quince años, y su primer discurso al acabar la clase fue: *"Laura, ahora que ya empiezas a salir de noche, esto te servirá de mucho por si acaso"*. Lo peor, es que tenía razón. En un par de ocasiones me sirvió.

*Ana M. Tarroja Marco @AniTMarco*

Tensarte y aguantar la respiración. Pasar por delante de una obra y escuchar varias "lindezas". Pasar la obra, relajarte y soltar el aire. Volver sola por la noche, oír pasos detrás, tensarte, el tipo pasa y sigue adelante sin más, relajarte.

*Clara @justinperfcx*

Tenía ocho o nueve años, cuando mamá me dijo que siempre que saliera sola me pusiera las llaves así para clavárselas a alguien si me querían agarrar o hacer daño, y me acuerdo que lloré mientras me lo decía porque me daba miedo y porque sentía el miedo de ella.

*Antonella LeTissier @sandrizs7*

Hace diez años en los San Fermines, por resistirse, asesinaron a mi amiga Nagore Laffage. Ella no está. Él en la calle ya.

*Lucía @Mine_Script*

Yo tenía diecisiete, ellos dieciocho, y al grito de "debemos curarte" me pusieron contra las cuerdas tras haber sido sacada del metafórico armario por una persona en la que creía poder confiar. Me defendí, lo paré. Pero tuve lagunas mentales durante mucho, mucho tiempo.

*@heeelo31*

El verano pasado, volviendo de fiesta con una amiga, teníamos que volver a casa en taxi, justo antes habíamos mandado la matrícula y el número del taxi a mi madre, cuando nos subimos y vemos que el taxista es una mujer, nos sentimos muy aliviadas y no debería pasar.

*@OliValkyrieCain*

Cuando tenía unos diez años, volviendo a casa de inglés, un señor dentro de un portal me llamó y se señaló la muñeca. No entendía y pensaba que me estaba pidiendo la hora. Seguí haciéndole gestos para ver que quería hasta que vi que se estaba haciendo una paja.

*Ruth Toledano @ruthtoledano*

Productor de TV me invitó a cenar: tenía un proyecto muy interesante para mí. No se concretaba nada pero bebimos tanto vino que tuve que ir al baño. Vino detrás. Mientras yo vomitaba, él intentaba besarme y me tocaba las tetas. Días después me crucé con él y su mujer embarazada.

### *@Arancha_GV*

Hace unos años estaba en un bar con mi padre y cuando fui a salir a la terraza un hombre del pueblo me paró para saludarme y después de eso me dio en el culo. Yo me fui enseguida y no quería contárselo a mi padre porque sabía que iba a ocasionar problemas.

### *Daiana Rojas @DeiamneR*

Yo tenía tres años, él más de treinta y era el novio de mi niñera. Se lo conté a mi mamá a los cinco años. Ella me creyó, pero los doctores, la psicóloga y en la policía le dijeron que lo mejor iba a ser "no exponerme" al proceso de la denuncia.

### *@AnshinDoyle*

Un ex me despertó a las 3:00 am besándome y tocándome. No esperó ni a que despertase del todo o dijese algo y ya la había metido. Me dolía muchísimo. Intenté apartarle pero no paró hasta que a los minutos terminó. Su excusa fue que estaba leyendo un libro erótico.

### *@isolophile*

Ya no me siento cómoda en los bares a los que antes iba cada finde porque los frecuenta un chaval que me agredió cuando se supone que era uno de mis mejores amigos,. Apenas se lo he contado a nadie porque a quien sí, se rió de mí por "haberme liado" con él.

### *@MarisaDelgado71*

Ayer creía que solo unas pocas veces los tíos habían abusado de mí (desde los diez años). Leyendo las demás experiencias me di cuenta de todas las otras veces que había olvidado: autobuses, exhibicionistas, algún profe...

### *Eva @evorongorota*

Cuando tenia once años, en casa de un chaval del cole, sentados en su cuarto, me arrinconó y me empezó a meter toda la manaza en las pocas tetas que tenia. En el momento me quedé paralizada, y no entendí para nada qué estaba ocurriendo.

### *@Evalopeta*

Con quince años, volvía en metro de las fiestas de San Isidro. En los tres minutos que había entre la parada en la que se bajaron mis amigos y la mía, a un grupo de tíos les dio tiempo a rodearme, tocarme y gritarme. Nadie en el metro hizo nada.

### *Alison Morales @alisonmrls*

Hace casi un año iba en el bus, se sentó un hombre a mi lado, a mitad del camino empezó a tocarme la pierna sin mi consentimiento. Tenía miedo de reaccionar, y cuando lo hice, me dijo que me tocaba la pierna porque estaba muy buena. Desde ese día siento miedo cada vez que voy en el bus.

### *Earned @dreamkolf*

El último tío con el que he follado (el segundo con el que lo hacía), la primera vez que lo hicimos fue prácticamente obligada y salí casi llorando de su casa.

### *Maite @mriater*

Veintidós años. Llevábamos muy poco saliendo. Nos fuimos a Salou. Aparcó el coche, quería "tema", yo no. Tuve que abrir la puerta y salir corriendo. Cogí un taxi con el mismo miedo de que un hombre me tuviera que llevar a mi casa. Esta es una experiencia de las más leves.

### *Mar @mokepov*

No puedo no pensar que, en todas las relaciones o líos con tíos que he tenido, se me han acercado exclusivamente por interés sexual. Ahora pienso que todos me van a hacer lo mismo y tengo miedo. Y qué mal, porque madre mía que te vean sólo como objeto.

### *Lucía @Lucia_Ruizz*

A todas nos han silbado o gritado por la calle, pitado desde un coche, tocado sin consentimiento en una discoteca o incluso se han creído con el derecho de quitarnos el bikini en una piscina. Agradecida por no haber sufrido algo peor. TODAS tenemos miedo.

### *Chica ye-yé @juliashephard*

1º ESO. Un profesor sustituto de Educación Física nos pone a las chicas a saltar a la cuerda, hacer yoga y aprender estiramientos mientras los tíos juegan a fútbol. Nos llama "cariño" o "flor", y entra en el vestuario sin avisar cuando nos cambiamos. Durante tres meses.

### *Andrea Carpio @Andrea_Karpio*

Crimen de Alcácer. Secuestro, violación, tortura y asesinato de Míriam, Toñi y Desirée, tres niñas de catorce y quince años del municipio valenciano. Arranque de dientes a sangre fría , corte de pezones y violaciones múltiples. Lo cuento por vosotras chicas.

## *Fabu @AngiMartinez96*

Mi mejor amiga y yo siempre volvemos juntas a casa. Incluso volviendo juntas tenemos miedo al volver de noche. Nos despedimos en una esquina que queda a medio camino entre su portal y el mío por si alguna grita, poder escucharnos. Si ella no sale de fiesta, yo tampoco.

## *@GateteMojao*

Tengo cuarenta y dos años y me sigue dando vergüenza contar lo que me pasó con once. Vergüenza por mí, vergüenza por mi madre y por mi abuela que no quisieron denunciar ni hacerlo público. Vergüenza, porque para nosotras las mujeres, un abuso es/era vergonzoso. Ese es el nivel.

## *Mary Jane @femiterrorista*

Nueve años: Osvaldo Arena (profesor) me abusa con trece años:. Matías Di Paola me abusa y manipula psicológicamente, catorce años. Mi hermano, sabiendo todo lo anterior, me abusa: *"No hablamos nunca más de esto".* Cinco años después pude hablarlo por primera vez. No nos callamos más.

## *Cherja Catania @cherja1*

Que me sienta una "privilegiada" porque "sólo" me hayan tocado el culo, las tetas, me hayan puesto "rabo" en transportes, me hayan gritado obscenidades, me hayan ensañado la polla.... da mucho que pensar.

*Charlie Dalton @marxmalIows*

Una noche reuní valor para decirle que me sentía sucia, mal, que sentía que se estaba aprovechando de mí. Que sólo me quería para acostarse conmigo. Su respuesta fue echarme de su casa y dejarme en la calle. Porque claramente el ofendido y dolido era él, mi "novio".

*Sardothien @Ecuki27*

Yo también voy mirando hacia atrás cuando camino sola por la calle. Yo también he sido perseguida por un hombre en una calle sin gente. Yo también he visto cómo un hombre se masturbaba mirándome a dos metros de mi cuando iba para casa a las cuatro de la mañana.

*María @marianavas971*

Tener que aguantar que te llamen estrecha, así no vas a encontrar novio en la vida, solamente porque rechazas a un chico.

*Beatriz @Veganagram*

Con doce años, me desperté con el pene de mi tío en la mano. Mientras fregaba los cacharros del desayuno, se puso detrás haciendo movimientos asquerosos. Me arrinconó en un cuarto pero pude escapar, ahí el miedo me hizo reaccionar y correr. Denuncié con catorce. Perdí el juicio.

*Diamantinx @LucilaBrito6*

Fui abusada sexualmente por alguien de mi familia. Cuando lo conté lo minimizaron porque era un "nene". Hoy en día no puedo estar sola en la calle porque me agarran ataques de pánicos.

*Mmonicacid @cidonica*

Me han tocado mis partes mientras yo decía *"para"* Me han bajado la bragueta mientras yo decía *"para"*. Porque para ellos, si una mujer dice que pares es que quieres que siga y NO, si una mujer dice "para", quiere QUE PARES.

*Sneby Velázquez @sneby123*

Fui violada por mi tío y mis primos desde los cuatro hasta los seis años. Cuando lo conté, no sólo no me creyeron, sino que me dijeron que era quien los provocaba. Me quedaba quieta con los ojos cerrados esperando morir.

*Altinai Quintanilla @AltiQuintanilla*

Tengo veintidós años. Me subo a un bus de transporte público. Mi acosador me lanza gasolina y me prende fuego. Tengo el 60% del cuerpo con quemaduras graves. Lo cuento porque Eivy no puede contarlo, está internada luchando por su vida en una unidad de cuidados intensivos.

*DramaQueen @BolliLady*

Os jode lo que decimos porque estamos contando lo que habéis hecho, lo que habéis normalizado, lo que no queréis oír, porque os sentís reflejados y os jode.

*Ártica @sazuotaku*

Uno de mis ex me obligó a tener sexo en un parking. Lo pasé fatal. Cuando le dije que me negaba a repetirlo, le dio igual.

### *Paloma del Río TVE @PalomadelrioTVE*

Ese jefecillo de medio pelo de la redacción de deportes de TVE, que me puso sus manos en mi pecho y dijo, lascivamente: *"¿Qué tienes aquí?"* Claro, que el corte que se llevó fue de los que hacen época.

### *Nuria @nurgallagher*

Muchas mujeres no estarán compartiendo una experiencia suya hoy porque no tienen todavía la valentía ni las fuerzas necesarias para hacerlo. Hoy lo digo: yo soy una de esas mujeres.

### *@LaPaquisimaPlay*

Con trece años, fue mi novio, mayor de edad y el doble que yo, en el rellano de mi edificio. No fui capaz de gritar, mi mente se fue rota a otro lugar a llorar. No denuncié porque quién me iba a creer sin golpes. Hace casi cuarenta años. No volvamos a eso.

### *Belén Payar @Belebpy*

Con diecinueve años, y estando en un discoteca, un chico molestaba a una amiga. Ella, con su mirada me pidió ayuda, me acerqué y le dije al chico que la dejara en paz. Él me estrelló su vaso en mi cara. Me dieron tres puntos en la barbilla. A él sólo le echaron de la discoteca.

### *@AnshinDoyle*

El profesor de educación física se abrazaba a las niñas más desarrolladas, pasaba su brazo por nuestro cuello y nos tocaba los pechos. Cuando nos quejamos, el director nos acusó de intentar llamar la atención, y dijo que era por vestir muy ajustadas. Doce años tenía. A raíz de esto, él siguió dando clase como siempre hasta que años después se jubiló. Entre las niñas de la ESO era conocido. Se lo había hecho a muchas.

*@AnitaBotwin*

Hace años, un periodista de una radio nacional abusó de mí y año tras año de nuevas becarias. Le denunciamos. Perdió.

*Celia @celiaredondo2*

La horrible realidad es que no conozco a NINGUNA chica que no tenga nada que contar.

*Ambar II @AmbarNo Abusos*

Mi abuelo me agredía sexualmente de niña. Condicionó mi sexualidad y me creó una indefensión brutal que aprovecharon agresores sexuales y proxenetas para prostituirme durante años. No podía enfrentar situaciones abusivas porque me quitaron las herramientas para hacerlo.

*Joana @jarabagj*

Mi madre acompañó a una niña de catorce años, sin conocerla, hasta el portal de su casa. Un hombre mayor la venía siguiendo, murmuraba cosas y ella tenía miedo. Encontró a mi madre y la pidió ayuda. A plena luz del día. Miedo a los catorce. Desde niñas y desde siempre.

*Mara @maraylucy*

Tendría que poner un hilo larguísimo sólo con mi experiencia. No puede ser, así que voy a poner lo más relevante. Ya hace tiempo que entendí que esto no es la mala suerte que me persigue, es consecuencia de un sistema patriarcal que nos oprime a todas las mujeres.

### *Ilenia González @IleniaGM*

Hace un mes, me encontré a un chico (dieciséis o diecisiete años, yo tengo veintiséis), borracho, semiinconsciente, sentado en su portal (llevaba las llaves en la mano). Me paré y le pregunté si vivía allí. Lo ayudé a abrir y a entrar hasta el ascensor. ¿Qué hubiera pasado si hubiera sido al revés?

### *Sandra Barneda @SandraBarneda*

Algo tan sencillo como mirarme de arriba abajo lascivamente como si le perteneciera. Algo tan sencillo, algo tan desagradable, que me hace bajar la cabeza y andar deprisa.

### *@Soy_Arbitra*

Estar en un campo de fútbol arbitrando, escuchar desde las gradas: *"Yo a esa me la follaba"; "arbitra, agárrame la polla como agarras el banderín"*, y muchísimos más descalificativos referente a mi cuerpo. Salir asqueada de los campos.

### *@Sttrr15*

Hace once años, yo tenía veintidós y salí del Camp Nou con mi ex tras un partido de fútbol. Empezamos a andar hacia donde teníamos el coche. Yo llevaba tacón y me dolían los pies. Tras un rato andando, mi ex me dijo que ya iba él a por el coche y yo lo esperaba donde estábamos. Él se fue y yo me quedé allí de pie esperando. De repente, se me acercaron tres chicos. Me fijé que uno de ellos llevaba un bote de spray en la mano: *"¿Qué haces aquí tan sola, guapa?"* -*"estoy esperando a mi novio"*. Empezaron a piropearme. Yo tenía miedo, sé simpática, pensaba. No sé por qué, pero recuerdo que me daba miedo que me tiraran spray en los ojos y se me llevaran de allí. Estaba paralizada. Así que me quedé inmóvil, sonriendo como una tonta. Y los tres bromeando y riendo entre ellos, mirándome y tratándome como un trozo de carne. Iban con símbolos de los boixos nois, así que les dije que mi novio era simpatizante de los boixos también. Se echaron a reír, y entonces uno de ellos me metió la mano dentro de la camiseta y del sostén, y me empezó a tocar las tetas. Los otros dos se reían y vinieron a tocar también. No me moví, no dije nada, estaba aterrada, no pasaba nadie por esa calle, estaba oscuro y pensé que me iban a meter a un parque que había allí al lado y me violarían. Recuerdo esa impotencia, ese sentimiento de no los cabrees, tú no hagas nada. Fue horrible. De repente, uno de ellos dijo: *"Venga, vámonos, dejarla ya"*, me dejaron y se fueron riendo. Haciendo sus putas bromas machistas. Y allí me quedé yo, aterrada, inmóvil, temblando. Apareció mi novio, fui corriendo al coche y le conté lo que había pasado. Salió a buscarlos y no los encontró. Pero recuerdo aquel sentimiento de no hagas nada, se simpática, no te muevas, no te resistas, que hagan lo que quieran y se larguen... Instinto de supervivencia. Así que si aquello hubiera ido a más no me habría resistido, mi miedo me decía que no hiciera nada, ni siquiera salir corriendo. Y ahora sé que no hubiera sido violación, y que encima la juzgada habría sido yo... Habría tenido que sentir la culpa de no haberme defendido, de que quizá fue culpa mía por no haber hecho nada. ¿Es eso justicia?

### *Begoña Galisteo @BegoGalisteo*

Un hombre jamás podrá entender qué se siente siendo mujer. Ellos no tienen que dejarse violar para que no les maten.

### *Clara @Claariya29*

Dieciocho años, vuelvo a casa por un callejón tras haber estado en las fiestas de mi pueblo. Un hombre de cuarenta años, me dice: *"Ven aquí, morena"*. Asustada, se lo cuento a mi amigo por Whatsapp. Se acerca, me agarra, intento defenderme. Tras un forcejeo, estoy dentro de su coche. Me viola, me roba el móvil y me estrangula. Tras dieciséis meses en mi busca, me encuentran muerta en un pozo y con ladrillos atados a mi cuerpo para no poder subir a la superficie. Lo cuento por Diana Quer, porque ella ya no puede.

### *Fortuna @Angela_Palma8*

Mi compañera de clase me confesó que había sufrido abuso sexual por un maestro. Le confesó a su novio que había sido violada. Tuvimos que contarle a sus padres lo que pasó. Intentó suicidarse. Tiene ansiedad y depresión. Seguimos recogiendo testimonios para "probarlo".

### *Gabriela @gamalfer*

Yo sufro bullying. Cada día me dicen que por ser mujer nunca llegaré a donde llegan los hombres. Todos los días me dicen que necesito ayuda porque ser mujer es una limitación. Todos los días me dicen que los hombres me ven como un objeto. Todo me lo dicen las feministas.

### *Belén @SrtaBelen12*

Este verano, paseando con un amigo, un chaval me tocó el culo. Yo me di la vuelta, diciéndole que quién coño se creía para hacer eso. Mi amigo también se dio la vuelta. El chaval, mirándolo a él, dijo: *"¿Es tu novia? Perdona"*. Se disculpó ante él, no ante mí.

*Hana Bi @HanaKanjaa*

Unos chicos en París empezaron a intentar ligar conmigo y mis amigas en plan soez. Cuando vieron que no les hacíamos caso nos llamaron putas. Yo les dije que nos dejasen en paz y que se fuesen a la mierda. Uno de ellos me tumbó en el suelo de un puñetazo.

*@FancyNena*

Tenía quince años. Estaba ebria en un cumpleaños y un "amigo" cuatro años mayor que yo me metió en un baño diciéndole a todos que me iba a ayudar a vomitar y sólo apagó la luz y cerró la puerta con seguro y abusó sexualmente de mí. No lo conté porque pensé que fue mi culpa.

*Bel @hotjedi*

Desde los cinco años, el marido de mi abuela abusó sexualmente de mí. Callé esos tres años porque me decía que si hablaba íbamos presos los dos. Un día hablé con mi mamá y ella denunció. Mi abuela sigue con él (no me cree). No hubo penetración, y por eso, él esta libre.

*Alison Burgers @misiamafetorres*

Tenía doce años y me quedé una noche en la casa de una tía. Cuando desperté, el cuñado del esposo de ella estaba tocándome la vagina.

*@ositoBuBu23*

Cuando tenía dieciséis, entré a defensa personal (ahora tengo veinte). Hace tres meses me acosaba un conserje en la universidad y nadie hacía nada. Ahora estoy expulsada de la universidad porque le rompí tres costillas al acosador.

*Sofi @D4teHemmings*

Toda mí vida mí mamá me dijo que si alguien me hacía algo tenía que contárselo. A los doce años, mí primo me tocó mientras dormía. Cuando se lo conté me pidió que no lo dijera para que a él no le pasara nada.

*Daniela Chica @_daniela16*

Porque 7 de cada 10 víctimas de violencia sexual son niñas menores de edad y esto no tiene nada que ver con lo que llevaban puesto esa noche.

*@Mjnana97*

La respuesta por parte de tus amigas es: *"A mí me pasa cada semana; no es para tanto, no te pongas así"*. Sí, para mí sí es para tanto, nadie tiene que tocarme si yo no quiero y encima reírse en mi cara porque me molesto. No debería ser habitual ni dejarlo pasar.

*@NiOlvidasNiPerd*

Las circunstancias no te permiten contar desde tu cuenta real tu caso. Te lanzas desde una nueva para soltarlo: he sido abusada sexualmente desde que me acuerdo. El primer recuerdo me viene de la playa, con siete años. Duró hasta los veintiuno, y fue mi padre.

*Deja Vu @diieciseis_*

No nos gusta pasar al lado de un grupito de hombres y que nos follen con la mirada y encima nos suelten frases como: *"Joder que tetas, que buena estás"*. NO nos gusta, NOS SENTIMOS INCÓMODAS, DEJAD DE CREER QUE NOS ENCANTA.

Una noche iba yendo hacia mi casa y a pocos metros de la puerta de mi portal había tres hombres vestidos de negro. Cuando fui a abrir, empezaron a tirarme besos, caminé lo más rápido que pude hacía la otra puerta y cuando entré me puse a llorar del miedo que pasé.

## *Patri @alaskamaze*

Mi anterior pareja no respetaba que yo no quisiera tener relaciones sexuales (por un problema de salud) y me hacía sentir CULPABLE. Por ello, para que acabara, aguantando el dolor haciéndolo.

## *@Celi_Chan*

Cuando me fui de Erasmus a Francia con diecinueve años, tuve que quedarme a vivir varios meses en una residencia. Al poco tiempo de llegar, según caminaba por un pasillo, me encontré a un hombre que me dio los buenos días. Cometí el error de responderle, en un intento de ser amable para entender que había dicho que algún día se pasaría por mi habitación. Desde entonces, me daba miedo salir al pasillo o volver a mi dormitorio, y me aseguraba de echar la llave rápidamente en cuanto entraba.

## *Ouroboros @Almiu_*

Tenía dieciocho años y estaba liándome con un chico en una discoteca. Me coge la mano y la mete directamente bajo sus pantalones, intento irme y me agarra fuerte porque dice que quiere que se la chupe fuera. Conseguí irme porque mis amigas estaban a metros y mirando.

### *Marta @RedLemon91*

Una mañana volvía de correr y pasé por un bar que estaba en obras. Los tíos empezaron a decirme cosas y yo puse mala cara. ¿Su respuesta? *"Si no quieres que te digan nada, no te vistas así"*. Jamás me había sentido tan vulnerable e impotente.

Bus de camino al trabajo, prácticamente vacío. Un chaval se pone cerca mío y me mira. Poco a poco se va acercando más hasta tener su paquete pegado a mi cadera. Incomodidad máxima y tal estado de shock que no supe ni reaccionar, por suerte me bajé en la parada siguiente.

### *@rachbluevelvet*

Un hombre me persigue a las nueve de la mañana, a plena luz del día, por toda una avenida. Me doy la vuelta, le encaro y empujo, corro y me refugio en una librería. Entra a buscarme y por suerte, la dueña llama rápido a la policía. Da igual la hora que sea.

### *Martus @MartitaAlcazar*

Trece años, "un amigo" me dice por WhatsApp que quiere *"tocarme, besarme y sentir mis uñas arañándole"*. Le rechazo y se enfada, y me dice que todas somos iguales. Que asco me da recordar esto años después.

### *@BeverlyNANAine*

Trece años. Iba con minifalda paseando con la familia antes de cenar. Un familiar ebrio suelta: *"Qué buena está mi niña"*. Miré a su mujer buscando, no sé, algo. Ella negó con la cabeza dando a entender que lo deje pasar y siguiera mi camino. Fue una cena incómoda para mí.

*@LaGranMonicaN*

Estaba trabajando. Yo iba con un compañero de trabajo bastante mayor que yo en una furgoneta, haciendo ruta. Durante el trayecto, no paraba de decir comentarios obscenos, y a la vuelta paró en un sitio oscuro e intentó besarme y manosearme. Fue despedido.

*@Lab__Rat*

Lo hice por primera vez con mi ex pareja a los diecisiete años, no me pude negar, de espaldas, y con desprecio el sentimiento de culpa que tuve se me quedó grabado. El mismo que sigue insultándome por redes siete años más tarde. Y esta es la única historia que me atrevo a contar.

*@talentOOs*

Con trece años, andaba por la playa buscando conchas y un hombre posaba sus manos en mi trasero con el pene erecto. Con quince me persiguió un hombre que al alcanzarme me tocó un pecho. Era la moda de los mosquetones, le miré mientras lo desenroscaba y se lo tiré a la cara.

*@bioletta2*

Cuando se aprovechan de ti por una copa de más, por una lágrima de más, por una arruga de más, por un michelín de más, por un año de más, porque te sientes MENOS. todas y todos sabemos a que me refiero.

*Raquel Cánovas @RaquelCanovas1*

Diecinueve años. Estoy en Prácticas. El jefe me pide que me quede a acabar un trabajo. Nos quedamos solos, se acerca y me agarra. Me dio por salir corriendo. Él reía. Había cerrado toda la nave y almacén. Imprevisto: un segurata me ayudó a escapar. Demasiados tipos de abuso.

### *Mariaje @Mariajesanchz*

Te enamoras de tu agresor porque te hace sentir que sin él no eres nadie, te hace depender de él para los restos.

### *Patricia @Patriciablse*

Tenía menos de diez años cuando vi al primer exhibicionista. Un viejo masturbándose entre coches al lado del colegio. Tres veces me han intentado besar sin más por la calle. Completos desconocidos. Me han subido la falda caminando por la calle.

### *@RuthVillarFdez*

No conozco a ninguna mujer de mi alrededor que no haya sentido miedo en alguna ocasión por un hombre, por supuesto, me incluyo entre ellas. Siempre cuidándonos las unas de las otras porque sabemos que tenemos las de perder.

### *Didelphis @juliusprance*

Diecisiete años. Volviendo a casa sola de noche (hacia las doce), en un barrio súper tranquilo. Ya estoy llegando al portal cuando veo a un señor sentado en un banco que me mira y hace gestos de hacerse una paja.

Once o doce años. Paseando por mi barrio (residencial y nada chungo) con mis padres a mediodía. Señor de más de sesenta años me pregunta: *"¿Con esas piernas tan bonitas cómo no llevas falda?"* Le respondo que por qué no la lleva él.

### *@andre_padronG*

En 1° ESO, en clase vino el profesor de guardia. Al terminar la hora me dijo que moviera mi mesa, me di la vuelta para agarrarla y de repente me lo encuentro agarrando esta detrás de mi, con su cuerpo pegado al mío. Hice lo que pude y me escapé por debajo del brazo.

### *Esmeralda Delgado @esmeraldadg1980*

Martes Santo, siete de la tarde en Sevilla. Treinta y siete años. Limpiando un portal, un hombre me pregunta por una calle y cuando vuelve se saca sus genitales en mi cara mientras limpio los cristales. Le amenazo con llamar a la policía y se va. Voy con miedo cada vez que tengo que ir allí.

### *Zaira @zaira_cs*

Con veinticuatro años, de camino al trabajo, un hombre me tiró al suelo, me rompió las medias y las bragas y me metió mano, hasta que apareció alguien y me fui corriendo. Mi madre me dijo que tuve suerte porque no me violó. Nunca me he sentido tan desamparada. Con treinta y seis todavía duele.

### *Silvia F. Enguita @SilviaEnguita*

Diecinueve años. Vivo en Madrid. Voy a una entrevista de trabajo en los bajos de Argüelles. El dueño me pide que me quede a trabajar. Llega la hora del cierre, manda a todo el mundo a casa y me pide que le ayude yo a cerrar. Cierra la puerta del local e intenta abusar de mi.

### *Aroha Rodríguez @arohaarodriguez*

Estoy llorando de leer, os lo juro, y lo peor es que no conozco ni una amiga mía que no haya sufrido ningún abuso por parte de un hombre o se haya sentido incómoda con un hombre. Después me dicen feminazi o feminista radical, es que manda cojones.

### *Sofía Herrero Gil @sajesofi*

Entré en un vagón deprisa, cargada con maletas. Cuando me quise dar cuenta un tío, a unos asientos frente a mí, se masturbaba mientras me miraba fijamente. Cogí mis cosas y me cambié de vagón. *"¿Se puede un@ mastubar en público? ¿Si lo hace le puedo cruzar la cara?"* Pregunto.

### María Lucas @MLucas219

Hace cinco meses más o menos. Yo paseando a los perros a plena luz del día. Un lugar poco transitado, con la sensación de que me están siguiendo. Tras confirmar eso y estar con los nervios a flor de piel, cojo a mi perro en brazos y echo a correr como nunca antes.

### *Sheey @sheeiloota*

*"¿Te dejo mi número y nos vemos después?"* Un puto viejo asqueroso de sesenta años. Le digo que no, me toca el hombro y me dice: *"¡Ya nos veremos guapa!"* Lo fui a contar a mi jefa, y dijo: *"Estamos en un trabajo y hay cosas que no nos gustan pero tenemos que aguantar"*.

### *Cosmic Dust @wonhyuk*

Con sólo trece años, mis compañeros de dieciséis, diecisiete e incluso dieciocho, me empezaron a meter a mano en clases. Me quejaba, ellos se reían y seguían. Mis amigas, al estar alineadas, me llamaban puta y miraban a otro lado. Me quejé al tutor y me dijo que él no podía hacer nada.

Un día caminando por la calle en un cruce de peatones se me acercó un hombre y empezó a decirme guarradas y: *"Chica bonita, eh chica bonita"*, y siguió así hasta una calle más arriba. Eso fue a las cinco de la tarde.

### *Alexandra @alexandrastna*

Abusaron de mí con siete años y, lo más triste, es que era de mi propia familia. Me llevaron al psicólogo para saber qué me pasaba. Cuando le dije: *"Hace cosas de mayores"*, se asustó y eso me dio miedo, así que le mentí: *"Él sólo me pega"*.

### *Mar @MarCaball1*

Con veinte años, trabajaba en un restaurante. Mi jefe, casado, siempre intentando meterme mano. Mis compañeros procuraban que no me quedara a solas con él. Necesitaba el trabajo.

Una amiga y yo con dieciséis años, entonces no había móviles, regresábamos de la playa. Nuestras familias eran muy estrictas. No podíamos llegar tarde, ninguna explicación nos hubiese evitado un gran castigo. Por una avería no había servicio de trenes, no teníamos más dinero, Decidimos hacer autoestop. Nos recogieron dos hombres y a los pocos minutos el copiloto empezó a tocarnos las piernas. Les dijimos que no, y él gritando nos dijo que de qué íbamos, que si habíamos subido al coche ya sabíamos para que era. Pasamos un miedo atroz.

### *@palomapelegri*

Lo que no puede ser es que vaya con el perro más deprisa de lo normal, las tetas me salten porque es ley de vida, y que mis tetas sean objeto de conversación y burla de un grupo de hombres.

### *Nora @noradriana*

Tenía unos diecisiete años. Iba por mi barrio hablando por teléfono. Pasé entre los andamios de una obra (estaban en la acera). Alguien me da un cachete en el culo. Era un obrero y se quedó tal cual riéndose y mirándome. La persona al teléfono (mi ex) no le dio mayor importancia.

### *@AngelaLanchares*

Salir de una discoteca para ir a casa andando, escuchar piropos cerdos de un grupo de chicos. Te siguen así hasta casa. Mandar un mensaje a tu amiga por si no llegas a casa sepa el por qué. Llegar corriendo a casa y avisar de que todo está bien, llorar e intentar dormir.

### *@atolracsaurus*

Con quince años fui a dar un paseo. Pasé por delante de unas obras. Uno de los obreros se salió y estuvo siguiéndome y soltándome cerdadas prácticamente todo el paseo, inclusive la vuelta a mi casa la cual hice corriendo. Desde ese día no he vuelto a hacer ese recorrido.

### *Lorena @lorenafenty28*

A veces lo pienso y me digo: *"Yo, que no tengo buen cuerpo, estoy gordita y aun así me dicen cosas y me han hecho cosas... no me quiero imaginar las mujeres, niñas, adolescentes que tengan buen cuerpo y tengan que aguantar esta mierda constante sólo por eso".*

### *Hina-maru @rocio4194*

Cuando estaba en 4º de la ESO, como todos los martes cogía la RENFE para irme a casa, y a esas horas no suele haber mucha gente, así que me senté en un sitio y tuve la mala suerte de que un señor se sacó la polla y se la empezó a sacudir e insinuarme que se la chupara.

### *Desirée Pozo @DesireePozo*

Siempre me acordaré de Chloe, la única persona que saltó a defenderme en la parada del autobús mientras un tío me decía cerdadas y yo le pedía que me dejara en paz. Él se montó en mi mismo bus, yo tenía miedo, no hizo falta que le dijera nada a ella, se sentó conmigo.

*Fiorella @LivInChains*

Cuando tenía quince años, pillamos a mi vecino de cincuenta mirándome por unos prismáticos mientras me cambiaba de ropa para ir a clase. Eran las siete de la mañana. Él dijo que *"sólo los estaba limpiando"*, mientras yo estaba desnuda, y en mi dirección, claro.

*Andrea Iglesias @andreaigls*

Porque es muy fácil decir *"no haber estado con él"*, como si supieras desde el primer día que te iba a tratar así: *"Haberlo dejado"*, como si no te lo hubieras planteado miles de veces, llegando siempre a la misma conclusión: quizás sea peor, vaya a más y cruce la línea.

*Nuria G @NuriaGallar2*

El verano pasado estaba en el metro, cuando se sentó un desconocido a mi lado y empezó a rodearme con los brazos con confianzas. Me levanté, le pregunté qué estaba haciendo y me cambié de vagón. Ningún pasajero testigo dijo nada. Él solo preguntaba dudoso por qué me iba.

*Penélope @peneeelope_vlc*

Tengo trece años. Un chaval se pasa toda la tarde comiéndome la boca y sobándome mientras yo le pido que pare. No puedo marcharme porque tiene más fuerza que yo y me sujeta por los brazos. Pasé mucho tiempo con miedo de volver a encontrármelo por la calle y que fuera a más.

*@marinahernanz03*

Un chaval me dio un pico en una discoteca sin consentimiento, le insulté y le aparté. Mi entorno me juzgó a mí porque mi reacción no fue lo suficiente agresiva y, por tanto, en el fondo quería.

*@barbara_rs10*

Que te mienta, que te insulte, que te controle, que te humille, que te anule la voluntad, que te haga sentir a ti la culpable, que incluso te pegue una bofetada la persona que supuestamente te quiere.

*Clara Bassols Durán @clarabassols*

Recién licenciada quedé a comer con un antiguo profesor para ver si él me podía dar algún contacto para trabajar. Lo que yo entendí como un encuentro 100% profesional, él lo vio como una oportunidad para otra cosa, porque al acabar me invitó a subir a su casa.

*@Ali_LiveTheLife*

Diecinueve años. En mi gimnasio, hace unas semanas. Estoy sola en una sala haciendo mis ejercicios de glúteo. Un tío entra y no para de hablarme, incomodarme y mirarme de la forma más asquerosa del mundo. Tengo miedo, así que me levanto y me voy del gimnasio.

*María @mariiagsierra*

El día del 8M estaba con unas amigas en la manifestación. Se nos acercó una señora de unos cincuenta y cinco años. Vio nuestra pancarta y nos dijo: *"Vosotras no paséis miedo, por favor, para eso estamos aquí hoy"*.

### @LauraFs2

Tenia once años, cuando volvía del colegio y en el portal entra un hombre con gafas de sol. Me hizo preguntas muy desagradables sobre mi cuerpo. Yo, con miedo, subí las escaleras corriendo huyendo de aquella persona. Aún recuerdo cuando me seguía y preguntaba por mi casa.

### Blanca @blancagomez

Ir por la calle con tu abuela y que dos camioneros me empiecen a gritar cosas, quedarme en shock y no saber qué hacer, que mi abuela tuviera que ponerse nerviosa y chillarles por mi, diciéndome después que no me quedara callada si me pasaba eso. Tenía catorce años.

### Monika @ilargiblue

Tengo 4cuarenta y dos años. He visto y sufrido todo tipo de situaciones y aún no he conocido una sola mujer que no haya sufrido algún tipo de abuso o agresión. Ni una de nosotras ha llegado a la edad adulta sin algún percance o trauma. ¿Sois conscientes de la magnitud?

### Ingrid C. Peiró

Con ocho años, un familiar me dijo que no fuera una puta como mi madre. Que si mi padre la pegaba por algo sería. Aún recuerdo los gritos y ver a mi madre marcada llorando. Ella es mi heroina. Dejarlo y rehacer su vida fue lo mejor que hizo, aunque tardó años y persecuciones.

### *SilVia @silvi_pocket*

Tengo treinta y tres años y dos hijas que no superan los cinco años. Estaba en trámites de divorcio con mi marido. Un día vino a mi calle y, tras discutir en la calle y convencerme, subimos a casa donde me mató delante de mi hija de dos años. Lo cuento yo porque Mónica Berlanas no puede.

### *Ana @Anaapnav*

Porque estoy harta de que a cualquier hora del día y llevando cualquier tipo de ropa, porque sí. La ropa les importa una mierda, me piten coches por la calle y me miren con cara de depravados. Hombres que me sacan treinta o cuarenta años.

### *@march_mermaid*

El año pasado, en el tren de Roma, un crío de unos quince años me tocó el culo disimuladamente y se fue corriendo. Me sentí impotente por no poder hacer nada, porque le hubiese dado una torta. Además, en el tren nadie hizo nada, y un señor lo vio.

### *Ana Peralta @AnaBusati*

Tenía catorce años e iba andando por la calle y un tío mucho mayor que yo, en bici, pasó por mi lado y me cogió el culo, luego miró para atrás y se relamió de la forma más asquerosa que existe. Se creen que somos suyas y pueden tocarnos cuando quieran. Estamos hartas.

### *Irene Rodríguez @irenerg_99*

Estaba bailando con un chaval y cuando me quise ir no me dejaba, me agarró para besarme, yo me intentaba soltar. Unos chicos me ayudaron y escuché a sus amigos que seguramente solo me estaba haciendo la dura. Ojalá supieran el miedo que pasé.

## *Loli @lolimm*

Que esta sociedad es machista es un hecho y más viendo que ellos no se atreven a denunciar públicamente, porque si lo hacen se les tacha de calzonazos o maricones. Ellos también deberían tener voz aunque sean una minoría.

## *@ClaraCoronel00*

He hecho cosas en mi relación que no quería hacer, sólo lo hacía para complacerle y que no se enfadara. Me he sentido obligada y mal por hacerlo sin ganas y para rematar tenía una relación dependiente por sí. Esta sociedad educa a las mujeres para ser dependientes.

## *N A T @mtnzpz*

Yo tenía dieciséis años. Me violó el que era mi novio. Le dije que no quería, que parase, pero no luché, dejé mi cuerpo muerto y cerré los ojos deseando que acabase. Sigo culpándome por ello por no haber intentado luchar... Han pasado dos años y sigo sin creerlo. No denuncié.

## *Melanie @Melanie80058320*

Tenía doce años cuando el novio de mi prima se metía en mi cuarto y me tocaba. Ahora tengo veinte años y mi prima está casada con él, con tres hijas, y me dijeron que fue culpa mía por provocarle.

## *@Laksmi_Corredor*

Tenía veinte años. Estaba haciendo mis prácticas. Llegó el camarógrafo. Se acercó y me arrinconó, me empezó a tocar la pierna lentamente. No dije nada, no hice nada. Me quedé estática en el tiempo. Mis compañeros creían que yo quería, y yo me estaba muriendo de miedo.

*@RebelleSoleil*

Yo catorce, él diecinueve. Mi primer novio. Yo era virgen. Me violó en la fiesta de mi cumpleaños. No se lo conté a nadie. Sentía miedo y vergüenza. Él me decía que lo meterían en la cárcel. Lo hizo cuatro veces más antes de poder dejarlo. Después me siguió acosando y amenazando por teléfono.

*The Piur @puringerMe*

Fui violada en la calle, de noche, a punta de navaja por un desconocido. Mi única obsesión era sobrevivir. Durante mucho tiempo, una parte de mí seguía culpándome. Por la ropa. Por el maquillaje. Por caminar sola de madrugada.

*Teresa Rodríguez (Secretaria General Podemos Andalucía) @TeresaRodr_*

Primer día de Universidad. El pueblo queda atrás. Camino de la primera clase. Nervios, ilusión, orgullo. Un tipo en bicicleta se me para, me coge las tetas con las dos manos y se va riendo. Miedo, vergüenza, odio. La ciudad se convierte en una enemiga.

*Isa Lozano (Concejala de Igualdad de Valencia por Compromís) @isalozanovic*

Sufrí abusos sexuales con diez años por parte del profesor de kárate. Durante las clases. Parece que había otros casos. Pero nadie denunció. Él siguió dando clases y yo abandoné el kárate. Mis padres me apuntaron a ballet.

## *Isabel Serra (Diputada Podemos Madrid) @isaserras*

Un médico utilizó su posición de poder para abusar sexualmente de mí. Cumple condena. Argumentos que utilizó su defensa: *"Si tardó un día y medio en denunciar y no salió de la consulta gritando es porque miente".* Aplicar la perspectiva feminista es saber que un abuso paraliza.

## *Leticia Dolera (actriz y directora de cine) @leticiadolera*

Quince años. Calle de poco tránsito. Un chico se me abalanza por detrás y me soba el culo. Me susurra: *"Que buena estás".* Me quedo muda. Se va. Vuelve, hace lo mismo con más fuerza agarrándome las caderas y frotándose conmigo. Grito. Se va. Dos personas me miran. Siento vergüenza.

Son cientos de miles los testimonios de mujeres que inundaron la red social Twitter tras el caso de la Manada, para mandar un mensaje a la sociedad que el abuso y acoso sexual así como las violaciones no son hechos esporádicos que sufren unas pocas mujeres sino que es generalizado. Cuando se leen estos relatos, empieza a aparecer un patrón y esquema que revelan determinados datos alarmantes.

Un porcentaje muy elevado sufrieron el primer abuso entre los seis y nueve años, y en la mayoría de los casos por familiares muy cercanos. La naturaleza provee en el momento exacto. Un árbol da su fruto cuando tiene que hacerlo y dicha fruta tiene un tiempo de maduración hasta que se pueda comer. Los animales se aparean cuando llegan a una edad determinada según la especie, y cuando la hembra ya está capacitada para procrear es cuando los machos la buscan para aparearse y/o viceversa. Con los seres humanos debería ocurrir exactamente lo mismo, pero no es así.

Una chica no suele empezar a menstruar hasta los trece años, y el desarrollo de los senos entre los once y dieciséis años, a no ser que una chica sufra telarquia prematura y con ocho años ya empiece a crecerla los pechos.

La telarquia es usualmente el primer signo fenotípico de la pubertad entre el 85% de las niñas. Durante este período el cuerpo de la mujer se va transformando y emerge la sexualidad en ella. Lo natural y lo que debería ser normal, es que un hombre no sintiera atracción sexual por una niña sin desarrollarse porque nuestra naturaleza es sentir atracción ante determinados estímulos, que en el caso de los seres humanos y concretamente de las mujeres, viene dada por las curvas, pechos, caderas anchas.... ¿Cómo es posible que existan miles de relatos de mujeres donde exponen que fueron manoseadas, violadas o masturbadas con menos de nueve años? Miles de niñas de esas edades son raptadas y secuestradas en plena calle para utilizarlas en vídeos pornográficos para pedófilos. Miles de hombres hacen turismo sexual y pagan importantes cantidades de dinero para desvirgar a niñas o acostarse con ellas. Niñas sin desarrollar, niñas que deberían estar jugando en la calle con sus amigas, sin preocupaciones y sin sexo, son obligadas a prostituirse. La demanda está creciendo en los países del sudeste asiático: Filipinas, Taiwán, Tailandia, Nepal, Indonesia, Bangkok, así como en África, donde en países como Sierra Leona, puede mantener relaciones sexuales con una niña por un euro. Empieza a ser muy "normal" ver pasear por la orilla del río Mekong a través de su paso por Tailandia, Birmania, Camboya y Vietnam, a hombres caucásicos de sesenta años con niñas muy pequeñas autóctonas.

Cuando todo apunta a una misma causa, la casualidad jamás puede ser una explicación.

En España, uno de los mayores escándalos ha sido las niñas prostituidas de Mallorca. Lucía tiene catorce años y ha sido víctima de abuso sexual en varias ocasiones. La primera ocurrió al poco de ser tutelada por los servicios sociales de la ciudad balear, que la apartaron de su madre y la internaron en un centro de acogida para velar por su "interés superior". Tenía entonces doce años. Un chico dos años mayor, también tutelado, la llevó fuera del centro de acogida y la penetró con los dedos a la fuerza, según concluyó un médico forense. Otro abuso se produjo con la niña ya residiendo en un piso tutelado. Esta vez sí se consumó la violación, al menos presuntamente, pues el Instituto Mallorquín de Asuntos Sociales (IMAS), tutor legal de Lucía, no ha facilitado ninguna información a la madre, que se tuvo que enterar de que su hija había sido agredida sexualmente por terceras personas. Luego la niña se lo confirmó. Lucía padece un retraso madurativo diagnosticado y déficit de atención.

Emilia Gallardo, madre de Lucía, dijo: *"Se llevaron a una niña que iba a la escuela, que no decía una sola palabrota ni insultaba, y me van a devolver a una adolescente desgraciada de por vida, destrozada en el tema sexual. La semana pasada me pidió que si la podía bañar, y al lavarle sus partes íntimas me dijo que tuviera cuidado, que desde que le hicieron eso, la duele. Es terrible".*

Esta madre fue una de las primeras en alertar que en el barrio de Corea, uno de los más degradados de Palma, pasaban cosas extrañas con niñas menores de edad. Fue en un piso de ese barrio donde estalló el escándalo de explotación sexual de menores tuteladas por la administración balear. A principios de enero, una niña de trece años denunció agresiones sexuales por parte de seis adolescentes ocurrida en Nochebuena. Esa denuncia ayudó a desvelar que la prostitución de menores tuteladas está extendida en la isla, llegando a la totalidad de las niñas en algunos centros de acogida, siendo una práctica "normal".

Una menor, que fue ingresada en el centro El Temple de Palma, reveló que existía una red de chicos de centros que captaba a menores tutelados de entre catorce y dieciséis años: *"Se los llevaban y les daban droga para que se olvidaran de dónde estaban o lo que habían hecho".* Ella asistió a dos fiestas donde entraban en contacto con proxenetas en el barrio de Corea y Son Gotleu: *"Te ofrecían drogas, joyas y decían que si te fugabas te podían dar libertad. Muchas compañeras veían algo normal acostarse con alguien para salir de su vida cotidiana y les daba igual el precio que tenían que pagar".*

La pedofilia, según el manual DSM-5 de la American Psychiatric Association, es un trastorno parafílico, una enfermedad mental en la que un adulto siente atracción sexual hacia niños/as prepubescentes. Expertos psiquiatras afirman que es un trastorno mental como lo puede ser la ansiedad o depresión. Millones de personas sufren ansiedad, ataques de pánico, fobias irracionales o depresión en el mundo y la gran mayoría intenta seguir haciendo una vida lo más normalizada posible, reprimiendo y controlando sus miedos, medicándose, viendo a un psiquiatra o psicólogo, bajo un tratamiento supervisado por un especialista para que esa persona lleve una vida normal.

La finalidad viene en la propia palabra, "normal". ¿A qué llamamos "normal"? ¿Qué es normal y qué no lo es? ¿Cómo podemos saber cuándo actuamos o pensamos de una forma normal? ¿Cómo podemos saber que estamos actuando bajo la anormalidad? Llamamos "normal" a aquello que sigue o es la "norma". Nadie debería asesinar ni matar a nadie. Es una norma religiosa, de convivencia, de vida, ética, civismo, humanidad, sociedad, comunidad, empatía, amor, respeto, igualdad, etc.... Todos podemos afirmar que lo normal en la sociedad donde vivimos es que no haya apenas asesinatos. ¿Se puede decir que lo normal es aquello que hace la mayoría de un grupo o población? Algo tiende más hacia la normalidad cuando el número de personas que conforman una comunidad es más elevado. Una secta que lo conformen cien personas puede ver normal mantener relaciones sexuales con niñas de seis años y para ellos no sería un acto reprobable. En España, lo normal es que nadie lleve un arma de fuego bajo la chaqueta, mientras en Estados Unidos portar un arma o tener armas en casa sí es normal, porque una mayoría de su población posee un arma de fuego.

Los más de dos millones de relatos de mujeres contando cómo fueron y son acosadas y violadas es un número de población muy significativo que evidencia que el acoso y abuso sexual, forzar a una mujer, es más habitual de lo que pensamos. Tanto es así, que se puede afirmar que lo "normal" sería encontrarte con mujeres que han sufrido alguna vez algún tipo de agresión sexual y lo anormal sería encontrar alguna mujer a quien jamás le haya pasado nada.

¿Cómo podemos seguir consintiendo que esta sea la normalidad que viven las mujeres? ¿Qué tiene esto de normal? Creemos vivir en una sociedad sana cuando realmente vivimos en sociedades enfermas. Han salido a la calle millones de mujeres para alzar la voz, para decir que no son hechos aislados, para decir que tienen miedo, que les ha quedado una huella imposible de eliminar en su mente, un daño psicológico del que muchas nunca se van a recuperar.

Los relatos también son un indicador fiable de cómo en el trascurso de una violación o agresión sexual se quedan paralizadas, en shock dicen la mayoría, sin capacidad de reacción, temiendo por su vida y cómo una vez todo ha pasado, se autoinculpan, sienten vergüenza. Tienen miedo a denunciarlo o contárselo a alguien porque piensan que no las van a creer o porque desean olvidarlo lo antes posible, porque no quieren exponerse a la opinión pública, porque no quieren ser señaladas, porque no quieren seguir siendo víctimas y porque desean volver a la normalidad.

Si hay millones de mujeres que han sido agredidas sexualmente y/o violadas es porque hay un hombre que lo hizo. Esto implica inexorablemente que hay millones de hombres con tendencia a agredir a una mujer para obtener sexo. ¿Cuántos hombres se expondrían públicamente para contar que ellos violaron a una niña o una joven, a su hermana, sobrina, prima, amiga, vecina, compañera de trabajo...? Si lo normal es cruzarte cada día con cientos de mujeres que han sido agredidas sexualmente, también debemos cruzarnos con cientos de hombres que son los agresores. Una cosa conlleva a la otra. Alguien no puede comprar si otro no vende. Una mujer no es violada si no hay un violador. ¿Dónde están? Entre nosotros, en nuestra comunidad de vecinos, en el transporte público, en el centro comercial, en el cine, en el trabajo, en un concierto, en el teatro, en la piscina, en la playa, en un restaurante, viendo un evento deportivo, en una discoteca, en la biblioteca, en un hospital, en los coches que están junto a nosotros en los atascos, en hoteles, en una comunión, en misa, en los colegios y universidades, haciendo deporte, en la política.... Están en todos lados.

Tú, mujer, te cruzas con ellos diariamente, incluso en tu puesto de trabajo les has atendido y ayudado. Los ves cada día pero no los reconoces y cuando nuestra mente no reconoce un peligro, este pasa desapercibido, no te fijas, no activa una alarma que te avise. Sólo los reconocerás cuando sufras su ataque, su intrusión a tu intimidad o se haga público en medios de comunicación o redes sociales.

El hombre debe tener un papel activo fundamental para que esto cambie. Ya pueden salir las mujeres cada día a las calles a protestar por las sociedades patriarcales, por el machismo y sexismo existente, denunciar agresiones y violaciones o intentar cambiar leyes, que si los hombres no se conciencian del daño tan grave que ejerce a una mujer cuando actúa de esa manera, las taras psicológicas que las crea y el cambio que produce en sus vidas a peor, hasta que el nivel de educación desde la infancia y sea consciente del rol que desempeña, será una quimera que se erradique el machismo.

No importa el motivo que cada persona escoja para intentar hacer pequeños cambios de comportamiento, desde micromachismos, piropos o miradas intrusivas, hasta agresiones físicas. Todos los hombres que han violado a una mujer vinieron a este mundo gracias a una de ellas, quien expuso su vida para hacerlo, quien le dio todo el amor posible y protección. La mayoría tendrán hermanas, sobrinas, primas o amigas a quienes realmente ame y no quieran que nada malo las pasara. Cualquiera de ellas puede sufrir en cualquier momento una agresión sexual. Ninguna está a salvo. Hay hombres que se excitan con niñas/os, desde meses de vida hasta edades inferiores a los diez años. Esto que parece una verdadera locura, es real, existe y sucede cada día en cualquier rincón del planeta.

Cuando no revelamos algún acto o pensamiento que hemos cometido o tenido, suele ser por vergüenza o porque es un delito. Si es por vergüenza, es una señal inequívoca de nuestra mente que nos está diciendo que es reprobable y que algo no está bien, nada bien. Si es porque se trata de un delito, el problema es mucho más serio porque además de reprobable, es ilegal, sucio, va contra la convivencia, la ley, y posiblemente exista un daño a un tercero.

Para conocer el grado de vergüenza que supondría que la opinión pública supiera que eres un agresor sexual o violador, pregunté a varios hombres lo siguiente: *"Si se tuviera que hacer público sobre ti que eres racista o un violador, ¿qué preferirías?"* Puedo afirmar que los hombres prefieren que la gente opine de ellos que son racistas a que sepan que es un violador. Si ser racista es algo execrable, imaginad lo que supondría para alguien se supiera que es un depredador sexual. ¿Qué pasaría si en la base de datos de las empresas, en tu CV, en una aplicación de móvil donde apareciera el nombre y foto de todos los violadores, en la base de datos de las redes sociales… se reflejara que eres un agresor sexual? ¿Cuántas chicas querrían estar a tu lado? ¿Cuántas empresas querrían contratarte? ¿Cuánta gente te ayudaría si realmente la necesitaras?

No existe un rasgo fenotípico común entre los agresores sexuales. Vamos a fijarnos en el rostro de este hombre con cara de buena persona, tímido, el vecino que muchos querrían tener.

Su nombre es Lawrence Nassar y era el médico oficial del equipo nacional de gimnasia de Estados Unidos de América. Médico terapéutico y osteópata, En julio de 2017 fue sentenciado a sesenta años en una prisión federal después de declararse culpable de cargos de pornografía infantil. A principios de 2018 fue sentenciado de 40 a 175 años en una prisión estatal de Míchigan, después de declararse culpable de siete cargos de agresión sexual de menores. Un mes después a otros 40 a 125 años de prisión después de declararse culpable de tres cargos adicionales de agresión sexual. Ha reconocido muchas de las acusaciones y se estima que ha abusado de 250 niñas.

Las jóvenes gimnastas acudían a su consulta para tratar diferentes tipos de dolores musculares. Nassar las tumbaba boca abajo, abría las piernas de la niña y la introducía los dedos. La víctima podría tener seis, ocho o diez años... Así actuó durante veinte años. Las niñas que declararon en el juicio, muchas aún menores de edad, explicaban cómo iban a la consulta por un dolor en la pierna y él decía que iba a utilizar una "técnica especial". Podía estar con los dedos metidos en la vagina de la inocente niña más de media hora. Ellas, confusas y avergonzadas, se marchaban a casa sin saber muy bien qué había pasado allí dentro.

Esta persona era un reputado y admirado médico en Estados Unidos, donde acudían familias de todo el país para ir a su consulta. La gente que le conoce decían que era muy buena persona y del que te podías hacer amigo fácilmente. Es uno de los mayores depredadores sexuales de niñas del mundo.

Pensamos que la mujer se ha movilizado porque el feminismo está de moda y por el caso de la Manada y Harvey Weinstein, hechos que provocaron el #MeToo o #Cuéntalo, cuando realmente la mujer lleva sufriendo agresiones, violaciones y desigualdad desde hace siglos.

Cada día, vemos, escuchamos y leemos discursos cada vez más radicalizados donde se hace apología del racismo, xenofobia, homofobia, aporofobia, machismo y sexismo. El anonimato que ofrecen las redes sociales ha creado un tipo de opinión extremista, siendo tan frecuente y común que mucha gente ha dejado de sorprenderse. Más que opiniones parecen estados de ira y odio, alegatos en contra de todo y de todos. No importa si lo que se dice es verdad, lo importante es sacudir, separar, enfrentar y provocar. Si el Universo se expande un 1 % cada 44 millones de años y las galaxias están cada vez más separadas, en nuestro planeta las personas cada vez estamos más distanciadas y cuesta ver acciones que unan al conjunto de la población. Las mujeres lo han hecho pidiendo respeto, igualdad y justicia, y por hacerlo, muchos las consideran feministas radicales.

La palabra "radical" proviene del latín radix, que significa "raíz". Esta palabra se utiliza de una forma inadecuada para designar a una persona que está muy alejada de la verdad o está en el extremo opuesto del pensamiento generalizado o es muy taxativo, cuando realmente hace referencia a aquello que afecta a la esencia, los fundamentos y lo más profundo de algo o alguien. Si una mujer es radical en cuanto a su posicionamiento feminista, realmente está protestando o defendiendo lo que para ella es la esencia de lo que debería ser justo para ellas. Por eso exhiben pancartas con frases o cánticos donde exponen los fundamentos que les ha llevado a actuar de esa manera. Y como son radicales en su postura, lo sienten de verdad, en sus entrañas, sienten que conviven en sociedades patriarcales donde los hombres, por el simple hecho de ser hombres, tienen más derechos y privilegios que una mujer, por el simple hecho de ser mujer. ¿Las falta razón? ¿Realmente piensas que existe un equilibrio social?

Se trata simplemente de poder y quien lo posee, no quiere perderlo. El poder trae consigo dinero, posición social, una justicia diferente, tratos de favor, seguridad, privilegios... El hombre sabe perfectamente que existen muchas diferencias respecto a las mujeres y las sociedades y educación recibida durante generaciones ha ido consolidando ese posicionamiento superior. Los hombres han abusado sexualmente desde siempre. Ellos hacían las leyes que les protegían de esos abusos y violaciones. Ellos inculcaron una cultura donde la imagen de Dios la asociamos a un rostro masculino, la creación del Universo fue obra de un dios, no de una diosa. El colectivo que esté en la posición de poder siempre va a impedir que quienes están en los escalones inferiores nunca puedan subir.

Las mujeres piden igualdad y justicia pero, ¿desean los hombres que así sea? ¿es conveniente para los intereses de los hombres que esto suceda? Si la justicia tuviera una medida ajustada a la realidad que vivimos donde las penas y castigos por abuso sexual, acoso sexual, agresión sexual y violación fueran severas y drásticas, ¿esto qué supondría? Perder poder, y cuando has perdido el poder es porque otros te lo han ganado. ¿Es justo y ético que miles de hombres que se sabe son violadores no vayan a la cárcel y estén libres? Si más de dos millones de mujeres solamente en España han contado cómo fueron víctimas de agresiones y violaciones, ¿es viable que vayan tantos hombres a la cárcel? ¿puede una sociedad permitírselo? En España hay cerca de 60.000 reclusos, según el último informe de Instituciones Penitenciarias. ¿Puede España permitirse el lujo de convertirse en un referente de justicia poética quimérica y radicalizar las leyes para que sean mucho más justas y castigue a los violadores como merecen? Es impensable e inimaginable plantearse que un millón, dos millones, tres millones de hombres vayan a la cárcel. Aquí radica el problema de por qué las leyes son las que son desde tiempos remotos, porque el poder siempre lo ha tenido el hombre y porque no quiere perderlo.

La violación denunciada ha aumentado de manera constante en los Estados Unidos desde principios del siglo XX y más del 100% en las últimas dos décadas. La tasa oficial de violaciones denunciadas en USA es de 34,5 por cada 100.000 personas. Casi el 50% de las violaciones que se denuncian no se aclaran mediante arresto. De ese porcentaje de las violaciones de las que se arresta a los sospechosos, el 66% son procesadas. Solo el 47% de los procesados son declarados culpables de los cargos. El perfil del violador convicto suele ser menor de 25 años, de estatura más baja que la media, pobre y residente del centro de la ciudad. El violador condenado casi nunca es psicótico. En aproximadamente el 75% de los casos, la violación es planificada y no impulsiva. La violación ocurre casi en cualquier lugar, generalmente durante las horas de la noche. Son frecuentes en las ciudades universitarias, pero son aún más en las ciudades con poblaciones superiores a 100.000 habitantes. La mayoría de las violaciones siguen un patrón común que incluye varias etapas. Estas incluyen la selección de la víctima, interrogar a la víctima o realizar pruebas para intimidar, aislarla y violarla. Pasando por las primeras tres etapas, la víctima puede encontrar la posibilidad de escapar. La defensa de la víctima contra un ataque debe ser vigorosa y ruidosa. Los violadores suelen ser brutales en el ataque sexual, pero muchos logran parodias de ternura. El violador generalmente inicia una etapa de terminación después del ataque, intentando de diversas formas evitar que la víctima pida ayuda hasta que pueda escapar. La mayoría de los psicólogos creen que los violadores tienen trastornos psicológicos debido a las experiencias de la infancia que los desvían para comportarse de formas socialmente prohibidas.

Un estudio en Zimbabwe muestra que el número de niños menores de once años que son violados está aumentando rápidamente (en 1993, 56 de 57 niños eran niñas). Los hombres tienden a violar a las mujeres que conocen, que a menudo son miembros femeninos de la familia. Los hombres de todas las clases violan a las mujeres con las que trabajan. Rara vez las mujeres se ponen en peligro. La violación conyugal no es infrecuente, pero a menudo se ignora. La sociedad tiende a culpar a la víctima, incluso cuando es una niña. La violación entre personas del mismo sexo ocurre, pero es poco común y, a menudo, ocurre en las cárceles. Los soldados, especialmente durante la guerra, creen que las mujeres no tienen valor. Los hombres de ambos lados siempre consideran a las mujeres como el enemigo. En lugar de ser capturadas y fusiladas, las mujeres son violadas y profanadas como seres humanos. A menudo, los soldados no tienen identidad fuera de su uniforme militar, y esa identidad se limita a recibir órdenes, por lo que asumen el poder sobre mujeres desarmadas e indefensas.

La justicia y las leyes podrían ser aquello que las mujeres exigen cuando los hombres cambiemos nuestra mentalidad en cuanto al machismo y sexismo, desde niños, educados para respetar a las mujeres, sin creer tener el poder de decirlas cosas por la calle, ni tocarlas, ni importar cómo vayan vestidas, respetando sus decisiones si no desean sexo, sin requerir los servicios de prostitutas alimentando las mafias y la trata de mujeres y niñas, sin acosarlas, sin menospreciarlas, siendo conscientes que ellas tienen los mismos sentimientos y emociones, deseos, impulsos, equivocaciones y aciertos, miedos, inseguridades... Y cuando todo esto sea algo normalizado entre los hombres, cuando una chica vaya sola caminando por la calle de madrugada hacia su casa sin tener miedo, sin mirar hacia atrás, cruzándose con otro hombre sin temer por su integridad, sólo en ese instante el hombre sería receptivo a cambiar las leyes para una mayor igualdad, una real, donde ser un violador sea indefendible.

Las mujeres feministas no son nuestros enemigos, porque seguramente ahí está tu madre, tu hermana, tu sobrina, tu hija... y ellas te quieren más que nadie y darían la vida por ti. No se la quites tú a ellas.

Todo es una cuestión de poder, un poder que ha pertenecido al hombre siempre y no está dispuesto a que se lo arrebaten. Este es el motivo que el movimiento feminista está mal visto por muchos, porque temen realmente la situación se equilibre, donde no se pueda manipular a las mujeres, sonde sean realmente libres en las calles, en sus opiniones, en sus cuerpos. La cultura del patriarcado está tan enraizada en nuestra sociedad, que miles de mujeres son machistas y sexistas sin darse cuenta, pero sus actos y su forma de pensar las delata. En cambio, son pocos los hombres que se consideran feministas.

Si fuera la mujer quien hubiera ostentado el poder desde el principio de los tiempos, el hombre ya se lo habría arrebatado hace tiempo, y no para igualarse a ellas, sino para quedarse con ello. El movimiento feminista lo único que pide es igualdad, equilibrio y virtud, y aún así los hombres tienen miedo a que esto suceda.

Los hombres que violan tienden a comenzar jóvenes, en la escuela secundaria o primeros años de universidad, probablemente cruzando la línea con alguien que conocen. Algunos de estos hombres cometen una o dos agresiones sexuales y luego se detienen. Otros, todavía mantienen este comportamiento o incluso aumentan el número de agresiones de forma progresiva.

La violación es un delito más común de lo que pensamos, demasiado para lo poco que se trata, y deberíamos romper el estigma en torno las agresiones sexuales así como dejar de normalizarlo.

Las mujeres negras tienen más probabilidades de ser violadas, igual que las de clase baja o las personas transexuales. La violación tiene más que ver con el poder que con el sexo. El 99% de las víctimas de agresiones sexuales se realizan a mujeres.

Según cifras de ONU Mujeres a nivel global:

- El 35% de las mujeres ha experimentado alguna vez violencia física o sexual por parte de una pareja íntima, o violencia sexual perpetrada por una persona distinta de su pareja. Estos datos no incluyen el acoso sexual. Algunos estudios muestran que la proporción puede llegar al 70% de las mujeres, y que las tasas de depresión, abortos e infección por VIH son más altas en las mujeres que han experimentado este tipo de violencia frente a las que no la han sufrido

- Cada día, 137 mujeres son asesinadas por miembros de su propia familia. Se calcula que, de las 87.000 mujeres asesinadas intencionadamente en 2017 en todo el mundo, más de la mitad (50.000) murieron a manos de sus familiares o parejas íntimas. Más de un tercio (30.000) de las mujeres asesinadas intencionadamente en 2017 fallecieron a manos de su pareja íntima o de una pareja anterior.

- Menos del 40% de las mujeres que experimentan violencia buscan algún tipo de ayuda. En la mayoría de los países para los que existen datos disponibles sobre esta cuestión se constata que, entre las mujeres que buscan ayuda, la mayoría acude a familiares y amistades. Muy pocas recurren a instituciones formales como la policía o los servicios de salud. Menos del 10% de quienes buscan ayuda acuden a la policía.

- Las mujeres adultas representan cerca de la mitad (49%) de las víctimas de la trata de seres humanos detectadas a nivel mundial. Las mujeres y niñas representan conjuntamente un 72%, y las niñas suponen más de tres cuartas partes de las víctimas infantiles de la trata. La trata de mujeres y niñas se realiza, en la mayoría de los casos, con fines de explotación sexual.

- Quince millones de niñas adolescentes entre 15 a 19 años han experimentado relaciones sexuales forzadas en todo el mundo. En la inmensa mayoría de los países, las adolescentes son el grupo con mayor riesgo de verse forzadas a mantener relaciones sexuales (u otro tipo de actos sexuales) por parte de su esposo, pareja o novio actual o anterior. De acuerdo con los datos disponibles para 30 países, tan sólo un 1% de ellas ha pedido alguna vez ayuda profesional.

- La violencia de género en las escuelas es un obstáculo muy importante para la escolarización universal y el derecho de las niñas a la educación. A escala mundial, un tercio del cuerpo estudiantil de 11 a 15 años sufrió acoso escolar por parte de sus compañeras y compañeros en al menos una ocasión. Niñas y niños tienen idéntica probabilidad de experimentar acoso. Si bien los niños tienen mayor probabilidad que las niñas de sufrir acoso físico, estas últimas tienen mayor riesgo de sufrir acoso psicológico y denuncian que se ríen de ellas con más frecuencia que de los niños por su rostro o su aspecto físico.

- En la Unión Europea, 1 de cada 10 mujeres denuncia haber experimentado ciberacoso desde los 15 años de edad. Esto incluye la recepción de correos electrónicos o mensajes SMS no deseados, ofensivos y sexualmente explícitos, así como contactos ofensivos o inapropiados en redes sociales. El riesgo más elevado se registra entre las jóvenes de 18 a 29 años.

- En Oriente Medio y Norte de África, entre el 40% y el 60% de las mujeres han experimentado acoso sexual en las calles. En un estudio multipaís, las mujeres afirmaron que el acoso consistía principalmente en comentarios de carácter sexual y en personas que las acechaban, las seguían, las observaban o las miraban lascivamente. Entre un 31% y un 64% de los hombres reconocieron haber llevado a cabo actos de este tipo. Los hombres jóvenes con mayor nivel educativo y aquellos que experimentaron violencia en la niñez tenían mayor probabilidad de cometer acoso sexual en las calles.

- En cinco regiones, el 82% de las parlamentarias denunció haber experimentado algún tipo de violencia sexual durante su mandato. Esta incluía comentarios, gestos e imágenes de naturaleza sexista o sexualmente humillante, amenazas y acoso laboral. Las mujeres citaban que el canal más habitual por el que sufrían este tipo de violencia eran los medios sociales, y cerca de la mitad (44%)

denunciaron haber recibido amenazas de muerte, violación, agresión o secuestro dirigidas contra ellas o sus familias. El 65% había sido objeto de comentarios sexistas, principalmente por parte de parlamentarios.

- Más de 200 millones de mujeres y niñas de 15 a 49 años han sido sometidas a la mutilación genital femenina en los 31 países en los que se concentra esta práctica. La mitad de estos países se encuentran en África Occidental. Todavía hay países en los que la mutilación genital femenina es prácticamente universal: la han sufrido al menos 9 de cada 10 niñas y mujeres de 15 a 49 años.

En España, cada mes del año 2020 se denunciaron más de 1000 agresiones y abusos sexuales, y las cifras de violaciones grupales crecen (y se conocen más). Según un informe del Ministerio de Igualdad publicado en septiembre de 2020, 1 de cada 2 mujeres (la mitad de las mujeres que viven en España) ha sufrido algún tipo de violencia machista en su vida. Esto incluye situaciones de acoso, incluso callejero.

La violencia de género es un lastre generalizado que las mujeres empiezan a sufrir a edades muy tempranas y que se ha agudizado con los confinamientos debidos a la pandemia, según reveló la Agencia Mundial de Salud, que dio la cifra de 736 millones de mujeres que padecen a manos de una pareja o de otras personas violencia machista. Los datos revelan que el problema no ha disminuido durante la última década y se sabe que se ha agravado durante la pandemia de COVID-19.

No son casos aislados, son acciones que las aislan.

No son hechos esporádicos, son periódicos.

Detrás de cada número de víctima, hay un género que lo sufre.

El feminismo surge de una evidente desventaja social, y abre un marco crítico en la sociedad, un discurso incómodo para el hombre, que no llega a reconocer esa desigualdad. El género masculino siente como un ataque a sus derechos las proclamas y reivindicaciones feministas.

Parece que públicamente, todos los estamentos estás de acuerdo en afirmar que existe una desigualdad patente, pero a su vez, impiden a las mujeres alcanzar un estatus igualitario. Legislan nuevas leyes para que todo cambie, pero no parece tratarse de una cuestión de leyes, sino de principios.

El nuevo feminismo ha llegado para quedarse, y todo apunta que la lucha continuará durante un largo período de tiempo, el que no tienen las futuras víctimas de la violencia machista.

Printed in Great Britain
by Amazon